《旧制度与大革命》导读

冯棠 张丽 著

商务印书馆
The Commercial Press
2013年·北京

图书在版编目(CIP)数据

《旧制度与大革命》导读/冯棠,张丽著.—北京:商务印书馆,2013
ISBN 978-7-100-09819-9

Ⅰ.①旧… Ⅱ.①冯… ②张… Ⅲ.①法国大革命—研究 ②史评—法国—近代 Ⅳ.①K565.41

中国版本图书馆 CIP 数据核字(2013)第 031919 号

所有权利保留。
未经许可,不得以任何方式使用。

《旧制度与大革命》导读
冯棠 张丽 著

商务印书馆出版
(北京王府井大街36号 邮政编码100710)
商务印书馆发行
北京瑞古冠中印刷厂印刷
ISBN 978-7-100-09819-9

2013年7月第1版	开本787×1092 1/32
2013年7月北京第1次印刷	印张 6¾

定价:25.00元

目 录

托克维尔及其史学思想 ………………………… 1
  托克维尔生平 ………………………………… 1
  托克维尔史学思想的源流 …………………… 7
  托克维尔的史学思想和观点 ………………… 11
  托克维尔史学思想的影响 …………………… 33
  托克维尔史学思想的贡献及其局限性 ……… 37

《旧制度与大革命》内容提要 ………………… 50
  第一编 …………………………………………… 50
  第二编 …………………………………………… 59
  第三编 …………………………………………… 94
  附录 ……………………………………………… 113

《旧制度与大革命》核心片断 ………………… 126
  第一编　第三章　大革命如何是一场以宗教革命
    形式展开的政治革命，其原因何在 ………… 126

第一编　第五章　法国革命特有的功绩是什么 … 132

第二编　第一章　为什么封建权利在法国比在其他任何国家更使人民憎恶 …… 135

第二编　第二章　中央集权制是旧制度的一种体制而不是像人们所说是大革命和帝国的业绩 …… 148

第二编　第五章　中央集权制怎样进入旧政治权力并取而代之，而不予以摧毁 …… 160

第三编　第一章　到18世纪中叶，文人何以变为国家的首要政治家，其后果如何 …… 165

第三编　第五章　何以减轻人民负担反而激怒了人民 …… 178

第三编　第八章　大革命如何从以往事物中自动产生 …… 188

参考文献 …… 199

托克维尔及其史学思想

托克维尔生平

亚历克西·夏尔·亨利·德·托克维尔（Alexis Charles Henri de Tocqueville, 1805—1859）是法国政治思想家和历史学家，1805年7月29日出生在巴黎。他的家庭系诺曼底一个古老贵族家庭，祖先曾参加过1066年诺曼底公爵征服英国的黑斯廷斯战役。托克维尔的曾外祖父——路易十五时代的名臣马尔泽尔布（Malesherbes, 1721—1794），曾保护百科全书派的活动，后因替路易十六申辩被送上断头台。他的远亲夏多勃里昂（Chateaubriand, 1768—1848）是顽固的保王党。在大革命中，他的父母被当作"嫌疑犯"关入

监狱，被判死刑，因发生热月政变才得获释。在复辟王朝时期，他的父亲是摩泽尔省省长。托克维尔虽出身贵族，但他拒绝伯爵的头衔。

托克维尔早年在梅斯就学，后赴巴黎入法学院，1827年进入凡尔赛法院任法官。1830年革命推翻了复辟王朝，托克维尔曾为查理十世被流放而潸然泪下。七月革命后，他宣誓效忠新政府，此举引起他的家庭与亲友的反对，被斥为贵族事业的叛逆。新政府想逼使他重新宣誓，为了暂避风波，他与挚友居斯塔夫·德·博蒙（Gustave de Beaumont）于1831年4月2日从勒阿弗尔登上美国船"勒阿弗尔号"，启程赴美考察监狱制度，1831年5月11日在纽约登岸，1832年2月20日重新登上"勒阿弗尔号"，返航勒阿弗尔。其间，8月21日至9月3日，曾在加拿大逗留，而且大部分时间是在魁北克。

在美国不到一年时间，从西部到南部，托克维尔不仅考察了监狱制度，更以其敏锐的洞察力集中考察了政治制度。回国后，他与博蒙共同发表了《美国监狱制度及其在法国的应用》。1832年4月，博蒙被撤销了代理检察长职务，托克维尔也感到法官的自由与荣誉遭受损害，故而辞职。在隐居托克维尔城堡的两年中，他整理了赴美考察的大量笔记和资料，1835年写成名作《论美国的民主》。[1]因这部著作出自一个30岁的年轻人的手笔，企图解决孟德斯鸠未能解决的问题，引起广泛的好评。1838年，他荣获蒙第昂奖金。1841年，36岁的托克维尔当选为法兰西语文学院院士。托克维尔的入选得益于时任法兰西语文学院常务秘书的米涅（Mignet，1796—1884）的鼎力协助，终于在1841年12月23日以20票当选，成为法兰西语文学院最年轻的院士。

托克维尔重入政坛是在1839年。这年3月2日，他在拉芒什区首府瓦洛涅以压倒票数当选议员。在议会中，他主张各种自由主义政策，如自由贸易、地方分权、改革监狱制度等。托克维尔鼓吹去非洲冒险，以补偿1815年以后法国在欧洲的不利处境。1828年10月以来，他首次在书信中提到阿尔及利亚，他写道："倘若法国在一项在她面前只有当地的天然困难和当

---

[1] 托克维尔著：《论美国的民主》（上下卷），董果良译，商务印书馆1988年版。

地居住的小野蛮部落的对抗的事业前畏葸不前,法国在世人的眼中就是自身软弱无能,缺乏胆量。"[1] 1830年7月5日,法军占领了阿尔及尔,结束了奥斯曼土耳其自16世纪以来对阿尔及利亚的统治。1841年和1846年,托克维尔曾两次访问阿尔及利亚,帮助政府制定殖民政策。托克维尔的野心甚至投向了英属的新西兰、加拿大、印度,投向了波斯、土耳其斯坦。托克维尔在议会中是基佐(Guizot,1787—1874)的反对派,不过他们在学术上却有师承的关系。基佐1828年在巴黎大学讲授欧洲文明史时,托克维尔是他的弟子。

1848年1月29日,距离二月革命不到一个月,托克维尔在议会中发表著名演说,指出法国工人阶级的思想情绪已经倾向于社会主义理论,他们要推翻的不仅仅是法律、内阁或政府形式,而且是资本主义社会本身,是资本主义社会赖以存在的基础——不合理的财产分配制度。工人阶级的觉醒必然导致"一场最

---

[1] 安德烈·雅尔丹:《亚历克西·德·托克维尔,1805—1859》,阿歇特,1984,304页。

为可怕的革命","一场最为严重的革命"。他预言,"此时此刻,我们正睡在一座火山口上","欧洲的大地又震颤起来了","暴风正在地平线上隐现"。[1]统治阶级若不采取措施,即将大难临头。托克维尔的预言并未引起统治阶级的注意,所得到的只是一片哄笑声。

在第二共和国时期,托克维尔重新当选议员,"为维护古老的社会法律"[2],宣誓拥护共和国。他受卡芬雅克将军之托,赴布鲁塞尔处理意大利问题。托克维尔反对提名路易·波拿巴为总统候选人。但在1849年,他却出任波拿巴的外交部长,正是在其任内发生了罗马事件。早在6月,他就对巴罗预言:帝国将产自路易·波拿巴。10月30日,由于与总统不和,他同巴罗内阁一起倒台。1851年12月2日,路易·波拿巴发动政变,托克维尔同其他议员联名指控路易·波拿巴违宪,遂与他们一起被拘禁于万塞讷,在冰冷的监狱中关押了两天两夜。

获释后他曾投书英国《泰晤士报》,呼吁反抗普选

---

[1] 托克维尔:《托克维尔回忆录》,英文版,纽约,1949,12—13页。
[2] 同上书,116页。

产生的专制制度。他从此退出政界。这时的托克维尔心情抑郁,深受偏头疼与胃病的折磨。他游历意大利和德国。1850年12月在苏伦托养病时,他致信友人,表示要以著作留名青史。于是重振精神,开始了浩繁的研究工作,历时五年,写成《旧制度与大革命》,第一部分于1856年出版。艰苦的工作耗尽了他的精力,三年以后,托克维尔因肺结核病逝于戛纳。

托克维尔史学思想的源流

托克维尔史学思想的形成、发展同他的社会实践和家庭影响是分不开的。从19世纪20年代到50年代,他始终处在激烈的法国阶级斗争旋涡中。这种经历培养了他对社会政治问题的深邃而敏锐的洞察力,他的预见常常被证实,这并不是偶然的。此外,他的学术思想深受当时一批资产阶级历史学家的影响。

1789年法国革命推翻了封建制度,确立了资产阶级政权。真正的法国革命史学是从复辟时期开始的。在这个时期,资产阶级和人民群众与封建复辟势力之间的矛盾仍是主要矛盾,在这场斗争中形成了三个政治集团,即极端保王派、君主立宪派和自由派。

自由派是具有自由主义思想的一般工商业资产阶级和部分银行家的代表,其主要领导人物是邦雅曼·龚斯当。一批资产阶级历史学家也以史学为工具,投入这场政治斗争。他们用自由主义的观点解释历史,著书立说,从历史的角度阐述第三等级应当执掌政权,谴责封建贵族的特权。复辟时期法国史学的代表人物是基佐。他的著作甚多,涉及法国革命的有《法国历史研究》(1823年),《欧洲文明史》(1828年)和《法国文明史》(1829—1832年)。1850年,梯叶里(1795—1856)出版了《第三等级的形成和发展史》。1824年,米涅出版了《法国革命史》。1823年至1827年,梯也尔(1797—1877)也出版了《法国革命史》。复辟时期的这一代历史学家在法国革命史学的发展上起到了开创作用。

七月王朝时期又涌现了一代共和派历史学家,他们引用历史来为共和派争取和维护共和国的斗争服务。1846年至1853年,米什莱(1793—1874)出版了《法国革命史》。1847年,拉马丁(1790—1869)出版了《吉伦特派的历史》。路易·勃朗(1811—1882)于1847年至1862年出版了《法国革命史》,基内(1803—

1875）于1865年出版了《大革命》。

在所有这些历史学家中，除了基佐外，都把自己的重点放在对历史事件的叙述和描写上。基佐是法国革命史学中分析史学或哲理学派的杰出代表。1828年至1830年，他在巴黎大学讲授《欧洲文明史》和《法国文明史》时，托克维尔是他的学生。托克维尔不仅深受当时那些历史学家的影响，而且深深地被基佐的思想吸引。1829年他致信好友博蒙："今冬我们需重读这些东西，它在思想上与文字确切上都很杰出。"[1]基佐运用的比较史学的方法、阶级斗争学说、对启蒙时代的评价、对封建制度衰落的论述都对托克维尔产生了巨大影响。旧制度与大革命之间有连续性，而法国革命只不过是一个极其漫长的历史过程的完成。基佐的这一思想为托克维尔所接受，并系统地加以发挥。基佐理解到财产关系（其中主要是土地关系）是历史发展的基础，认为政治制度在其成为原因之前，首先是财产关系的一种结果。

---

[1] 安德烈·雅尔丹：《亚历克西·德·托克维尔，1805—1859》，81页。

1836年托克维尔在《伦敦与西敏寺评论》上发表的论文《1739年前后法国社会政治状况》更进一步发展了基佐的上述思想。他通过分析法国社会的政治经济状况得出结论：

1. 教会在18世纪末不仅拥有财产，而且插手国家事务，因而教会与其说是宗教机构，不如说是政治机构。

2. 贵族已不参加行政管理，丧失了权力。另一方面，他们日趋贫困化，他们的土地被重新划分，落入平民手中。

3. 第三等级迅速占有动产，并购买贵族的土地，工商业使他们富有。同时他们接近政府。第三等级本身便构成整个人民，他们同特权阶级共同生存，但是他们能够"不要特权阶级只靠自己"而生活。

4. 在大革命爆发之际，很多省份的土地已大量瓜分，法国革命只不过是使这种地区扩大。"土地划分上的这些变化，大大有利于即将来临的伟大的政治革命。"[1]

---

[1] J.-P.迈耶主编：《亚历克西·德·托克维尔全集》第2卷，法文3版，巴黎：伽利玛出版社1981年版，51页。

5.法国革命即使不发生,大革命所做的一切也会实现。大革命只是一个暴力的迅猛过程,借此人们使政治状态适应社会状态。1789年以前,法国社会已经发生了巨大变化,法国已经成为欧洲最民主,最平等的国家。

6.法国早在欧洲各国之前已彻底扫除了中世纪的封建割据局面,而后法国革命完成了国家的统一,它使早已控制了地方政权的中央政权更加强大、灵活。

托克维尔的上述论点是他二十年后写《旧制度与大革命》一书的基本思想。

托克维尔的史学思想和观点

托克维尔的史学思想主要反映在他的两部著作中,即《论美国的民主》和《旧制度与大革命》。《论美国的民主》分上下卷,第一卷出版于1835年,第二卷1840年出版。

托克维尔生活在法国政治斗争激烈展开的年代,他通过法国的斗争看到了当时世界正在进行一场伟大的民主革命。他想从经历这场革命的国家中,找到一个民主革命发展最完满的国家,以论证民主革命应产生的结果。他认为,美国的民主比较完美,希望通过对美国的实地考察,来阐述他对民主的看法。

他设想的民主社会是这样的:人人享有受到保护的权利,服从法律,尊重权威出于理性;人人互相尊重、信赖,愿为公益事业尽义务;人民的自由联合可以抵御个人专权,避免暴政和专横;大多数人生活更加幸福,社会循序前进。

他在这本书中通过追溯美国民主制度的起源和演变阐述了他的民主观。

首先,他认为,英裔美国人社会的突出特点在于它本质上是民主的,他们保留了欧洲人的自由制度。在独立战争之前,美国就已经实行了人民主权原则,战后,人民主权原则成为了法律的法律,社会由美国人民自己管理,所有的权力归社会所有。这一原则支配着美国的整个政治制度。美国实行政府集权和地方分权的制度。强大的政府集权是一个国家生存和繁荣富强的基础,而地方分权有利于秩序的稳定和防止暴政。他认为,美国有一个世界上已知的最完美的联邦宪法;而美国的联邦制是最有利于人类繁荣和自由的强大组织形式之一。托克维尔同时指出了联邦制固有的缺陷，并认为，它的宪法及政治制度只适用于美国。他说，我并不认为这是民主国家应当建立的唯一的和最好的形式。

其次，托克维尔认为，民主政府的本质在于多数人对政府的绝对统治。政府机构代表多数或是多数人的工具。如果多数人滥用这些权利，就可能导致多数的暴政。要防止多数人的暴政，就应当使立法机构既代表多数又不被多数左右；行政权拥有自主的权利，司法权独立于立法权和行政权；应该使自由的思想和感情深入民心。从他的这一思想中可以看出，他赞成多数人的统治，但又惧怕多数人的统治，原因就是他对于民众的惧怕和蔑视。

再次，托克维尔在对美国进行考察时发现，身份平等是对美国社会产生重大影响的根本大事，因此，他探讨了平等与民主之间的关系。他认为，美国的民主是由身份平等带来的。身份平等是民主社会独有的特点，但是，随着身份平等的扩大，会产生一些弊端，如人们习惯于独立掌握自己的命运，这样人与人之间的感情疏远，而且一个个独立的人是软弱无力的。身份平等的扩大还会导致个人主义的出现，个人主义破坏社会公德，最终成为利己主义。他说美国人有效地防止了这些弊端。他指出，美国人是以自由制度对抗个人主义，当他们行使自由的政治权利时，就会感到自己是生活在社会当中，为别人效力是自己的义务。所以，他们提出的"正确理解利益"的理论是针对个人主义的。另外，他指出，美国人用结社的办法集聚多数人的力量，以避免个人软弱无力。报刊也是沟通分散的人群思想的很好的方式。结社和报刊之间有一种必然的联系，报刊在制造社团，社团也在制造报刊。美国报刊繁多，得益于行政分权、政治的广泛自由和出版的绝对自由。他还指出，个人主义造成的普遍的漠不关心，可能导致专制的产生，因此，应该运用结社、报刊、法治等手段保护自由制度，培养人们的权利观念，使人们养成参与公共事务的习惯。

此外，托克维尔在论述平等和自由的关系时说，平等使人喜欢安乐，使人产生追求享乐的观念，但没有满足这种欲望的方法；自由有利于发财致富，使人人都在不断努力，追求新的成功；而专制对财富的增长十分有害，它压制人们的商业才能。所以托克维尔认为，只有自由才能使人获得物质生活的享乐。但是，自由过度也会使人利欲熏心，损害他人的利益。因此，他主张民主时代需要唯心主义观点占统治地位，也就是依靠宗教，它可以使民主制度具有德化的性质。民主国家的政府应维护基督教，引导人民遵守宗教道德，并使他们以长远的眼光看待所追求的目标。他认为，基督教使美国人的社会得以建立起来，它对美国人的思想有巨大的控制力。美国是宗教精神和自由精神紧密结合的典范。托克维尔主张美国那样的政教分离。教会和政治是分开的，宗教作为一种社会团体，它不参加社会管理，仅以教理支配和影响人们的思想。教会应该把自己的权力限定在宗教事务的范围内，越出这个范围就有失控的危险。

《旧制度与大革命》是托克维尔计划写作的三部书中的第一部。其他两部准备以"大革命"与"帝国"作为主题，因他过早逝世而未完成，只留下大量的笔记和资料。1850年底，他在意大利苏伦托养病时决定把放置了15年的写作计划付诸实施。他在致友人的信中认为，后人对于他的政治生涯不会留下什么印象，但对他的著作一定会非常重视。他觉得他的天分适于分析与思考，所以他要效法孟德斯鸠著书《罗马盛衰原因论》，写一部研究法国革命的著作，探索法国革命的原因、特点、意义。他认为法国革命这个选题具有现实性，因为论述的就是当代，所展望的便是法国的未来。

《旧制度与大革命》共分三编。书前有托克维尔所作的前言。第一编共五章，实际上是全书的导言，论述大革命的伟大意义。第二编共分十二章，论述大革命的深远历史原因。第三编共八章，论述大革命爆发的近因。书后是他本人所作的重要注释。最后附录为托克维尔对三级会议省，尤其是对朗格多克省的考察报告。

托克维尔在前言中开宗明义地写道："我现在发表的这部书绝非一部法国大革命史；这样的历史已有人绘声绘色地写过，我不想再写。本书是一部关于这场大革命的研究。"[1]

前言论述的第一个问题便是大革命与旧制度的连续性。他认为1789年法国人民以最大的努力将革命前后划分为两种命运，用一道鸿沟加以分隔，不让旧的

（1）　托克维尔著：《旧制度与大革命》，冯棠译，商务印书馆1992年版，29页。

事物流入新社会。但是这种企图并未成功，因为旧制度的大部分思想感情、风俗习惯都保留下来了，人们凭借它们领导了这场革命，利用旧制度的废墟建立了新社会。因此要想理解法国革命，就必须考察"已不复存在的坟墓中的法国"，托克维尔所从事的就是这一工作。他要深入到旧制度的心脏中了解各个阶级的精确状况，政治制度的真实面目，以及当时人们的感情、思想、风俗。

前言提出的第二个问题得益于对档案的运用。托克维尔研究了大量的地方档案。对他帮助最大的是图尔省的档案。他特别研究了1789年三级会议陈情书，地方政府与中央的通信，还有农村中的土地清册。从这些研究中，他发现了法国革命的面貌：法国革命有两个明显不同的阶段；第一阶段里法国人要废除历史上的一切；第二阶段他们想恢复残存的部分。因此，"旧制度有大量的法律和政治习惯在1789年突然消失，在几年后重又出现，恰如某些河流沉没地下，又在不太远的地方重新冒头，使人们在新的河岸看到同一水流"。[1]

（1） 托克维尔著：《旧制度与大革命》，冯棠译，31—32页。

托克维尔的这个比喻生动地说明了历史运动的辩证关系。辩证法的思想贯穿于他的书中。他的目的是搞清为什么全欧洲都在孕育的这场伟大革命单单发生在法国,为什么这场革命是从它要摧毁的社会本身产生,以及旧君主制度如何骤然间全面崩溃。

前言中提出的第三个问题是自由与专制的问题。这是托克维尔历史哲学的核心问题。1789年是他崇敬的年代,人们向往的是平等与自由。从18世纪以来,自由与平等便成为法国社会两大潮流。大革命涤荡了中世纪遗留下来的不平等的社会制度,建立了人人平等的新社会,与此同时建立了自由的政治制度,恢复了地方上的自治权力。托克维尔赞美这个"青春、热情、骄傲、雄壮的年代"。然而随着大革命的发展,人们却忘了自由,甘当"世界霸主(指拿破仑——作者按)的平等的奴隶",政府比起革命前更加强大、专制,它集中了一切权力,取消了大革命中高昂代价换来的一切自由,虽然把选举唤作人民主权,但选举人并不能商议决定选举何人。

很明显,托克维尔已把他对第二帝国专制制度的强烈仇恨注入到这部著作中,悲观宿命的情调出现在

字里行间。他说，在未来的黑暗中，人们已经能够洞察三条极其明显的真理：[1]

1. 今天人们正受一种不可战胜的无形力量驱使，去摧毁贵族制度。

2. 在所有社会中，没有了贵族制的社会最难避免专制政府。

3. 在这类社会中专制制度会产生最有害的效果。

把行将灭亡的贵族阶级当作反对专制制度的中坚，这无疑是一种保守倒退的观点。托克维尔的这种历史观点同基佐是截然对立的。基佐认为法国历史上从未有过真正的贵族政治社会。在中世纪，封建制度始终是人民无法忍受的无政府状态，无法构成真正的政治制度，而王权的壮大成了向民主自由过渡的不可缺少的时期。相反，在托克维尔看来，作为地方政府的贵族集团在同中央政权的抗衡中保障了个人自由。正是由于贵族集团在王国政府的打击下，随着社会发展逐渐消失，才打开了一条通向平等而非自由的道路。

基佐的观点符合法国历史发展的事实，托克维尔

（1） 托克维尔著：《旧制度与大革命》，冯棠译，34页。

的观点则出于一种贵族的传统。托克维尔与孟德斯鸠的观点十分相近,孟德斯鸠认为,贵族是防止君主变成专制暴君的中间实体。英国的议会制度是他们理想的制度,因为贵族的政治自由和特权完整地保存了下来。

前言提出的第四个问题是金钱在资本主义社会中的作用问题。同巴尔扎克一样,托克维尔也注意到金钱的罪恶。由于"种姓、阶级、行会、家族"不复存在,人们彼此间就没有联系,只顾各自的利益,蜷缩在个人主义狭小圈子里,公益品德完全被窒息。而专制制度却助长这种趋势,它的目的就是要人们彼此分隔、孤立,"将他们冻结成冰"。[1] 金钱使社会变幻无定,驱使人们拼命向上爬,唯恐地位下降,金钱成了区分品评人的标准。唯利是图、发财致富的欲望,对福利与物质享受的追求蔚然成风,整个民族因之衰弱堕落,"一想到革命就浑身战栗"。托克维尔认为,只有自由可以战胜这类社会中的罪恶,使人们联合起来,摆脱孤立境地和对金钱的崇拜。"只有自由才能使他们

---

(1) 托克维尔著:《旧制度与大革命》,冯棠译,35页。

感到温暖"。[1]在没有自由的民主社会中，人们尽管富裕、文雅、辉煌、华丽，他们的心灵与精神却永远不断地堕落，像罗马帝国一样，"平等与专制结合在一起"。[2]

托克维尔的这些思想同他二十多年前在《论美国的民主》中的思想是一致的，表现出他对资本主义社会的厌恶。他认为，这种社会理应爆发革命，才能拯救民族的堕落。托克维尔对资本主义的批判不同于马克思，他是从自由这个角度出发的，正是由于这一点，他的思想在今天的西方重新为人们接受，得到人们的重视。

前言提出的最后一个问题是治史的方法问题。在托克维尔看来，历史是科学，研究历史是为寻求历史发展的普遍规律，达到教育目的。他说，我所做的像那些医生一样，他们在每个死去的器官中，力图发现生命的规律。我的目的是绘制一幅精确严密同时又富教育意义的图画。[3]他的工作态度是非常严谨的。为

---

(1) 托克维尔著：《旧制度与大革命》，冯棠译，35页。
(2) 托克维尔著：《旧制度与大革命》，冯棠译，36页。
(3) 托克维尔著：《旧制度与大革命》，冯棠译，33页。

了研究大革命爆发时德国的社会状况,他于1853年开始学习德文,翌年他亲自前往德国考察。他在前言的末尾不无感慨地说:"我可以毫不夸张地说,此刻我发表的这本书是一项浩繁工作的成果。有的章节虽短,却花费了我一年多的研究时间。"[1]《旧制度与大革命》具有极高的科学价值,这与托克维尔科学的工作态度和方法是分不开的。

托克维尔在前言中阐述了他的基本史学思想。随后,他在《旧制度与大革命》各章中,系统地提出了具体的观点。

托克维尔是怎样评价大革命的呢?他在第一编第一章开首便指出:法国革命是历史上最伟大的事件,它的渊源最远,准备最好,它的爆发最少有人预料到。[2] 同德国人相比,英国人多少有点预感,不过阿瑟·扬(Arthur Young,1741—1820)也只是认为革命将增加贵族的权势,故而弊多利少;埃德蒙·伯克(Edmund Burke,1729—1797)则预言法国将削弱,

---

(1) 托克维尔著:《旧制度与大革命》,冯棠译,37页。
(2) 托克维尔著:《旧制度与大革命》,冯棠译,40页。

甚至灭亡。大革命爆发后，人们对它的评价更是千差万别。一些人认为这是人类社会的末日，另一些人认为这是上帝的意志，它将更新法国乃至世界的面貌，还将创造新的人类。法国革命的反对派伯克把法国革命看作"人类的灾难与恐怖"。德·梅斯特尔（Josoph de Moistro，1753—1821）认为："法国革命具有恶魔的特点。"[1]

针对这些情况，托克维尔反诘道："法国革命确实像当时的人们所感到的那样异乎寻常吗？确实像他们所说的那样离奇、那样颠倒乾坤和锐意革新吗？这场奇怪而可怕的革命真正意义是什么？它的真正特点是什么？它的深远效果是什么？它具体摧毁了什么？它又创造了什么？"[2]

托克维尔认为研究和评价大革命的时机已到，它距大革命的时期远近适宜。一方面使人们不致因激情而看不清事件真相，另一方面使人们能够深入到当时的主导精神中加以理解。

---

[1] 托克维尔著：《旧制度与大革命》，冯棠译，43页。
[2] 托克维尔著：《旧制度与大革命》，冯棠译，43页。

托克维尔的观点异常明确坚定：

1. 大革命的发生并不像人们所认为的那样，是为了摧毁宗教信仰的权威；不管外表如何，它在实质上是一场社会政治革命。[1]

2. 法国革命并不是要使无政府状态长久延续下去，而是要增加公共权威的力量和权利。

3. 法国革命并不是要改变法国文明迄今具有的特点，阻止文明的发展，以及从实质上改变西方人类社会赖以依存的根本法律。"这场革命的效果就是摧毁若干世纪以来绝对统治欧洲大部分人民的、通常被称为封建制度的那些政治制度。"[2]

4. 法国革命绝不是一次使世人感到意外的偶然事件。"它仅仅是一件长期工作的完成，是十代人劳作的突然和猛烈的终结。即使它没有发生，古老的社会建筑同样也会坍塌，这里早些，那里晚些；只是它将一块一块地塌落，不会在一瞬间崩溃。"[3]

5. 法国革命通过不懈的痛苦的努力，突然间完成

（1） 托克维尔著：《旧制度与大革命》，冯棠译，59页。
（2） 托克维尔著：《旧制度与大革命》，冯棠译，59页。
（3） 托克维尔著：《旧制度与大革命》，冯棠译，60页。

了需要一点一滴长时间才能完成的事业。这便是它的业绩。

6."法国革命的目的不仅是要变革旧政府,而且要废除旧的社会结构,因此,它必须同时攻击一切现存权力,摧毁一切公认的势力,除去各种传统,更新风俗习惯,并且可以说,从人们的头脑中荡涤所有一贯培育尊敬服从的思想。"[1]

托克维尔对大革命的评价和对大革命特点的分析是全面、准确而深刻的,远远超过了历来法国史学家所达到的水准。托克维尔是以自然科学家一样的精确性分析历史事件的,它的贵族传统观念在这里暂时消失了。历史是一门科学,这就是说任何阶级的观念都不能改变它的客观性,只能尊重它的客观性。托克维尔对大革命的分析评价完全证明了这个道理。

托克维尔详细考察了旧制度下农民、贵族、资产阶级、教会的变化。对农民状况进行如此深入细致的研究在法国革命史学上还是第一次。在第二编第一章"为什么封建权利在法国比在其他国家更使人民憎恶",

---

（1） 托克维尔著:《旧制度与大革命》,冯棠译,48页。

托克维尔用一半篇幅论述了农民问题。在第十二章"尽管文明取得各方面进步，何以18世纪法国农民的处境有时竟比13世纪还糟"，托克维尔用全章论述农民问题，因为农民问题是法国革命的根本问题。托克维尔的贡献在于他指出了下列三点：

首先，与德意志不同，农奴制在法国除一两个省份外，久已绝迹，那是一场革命。"但是在法国还发生了另一场涉及人民社会地位的革命：农民不仅仅不再是农奴，而且已成为土地所有者。"[1]托克维尔根据当时土地清册估计，土地所有者在他考察的乡村中达到二分之一，有时竟达三分之二。旧制度下的二分之一的土地已为农民所有，这种情况曾使当时在法游历的英国人阿瑟·扬感到吃惊，因为英国农民占有的土地不如法国多。在德意志则相差更远。"18世纪末，在德意志某些地区，农民成为土地所有者，差不多跟法国农民一样自由，这些地区大多位于莱茵河流域；正是在这些地方法国的革命热潮传播最早，并且始终最有生气。相反，德意志那些长时期不为革命热潮渗透

（1）托克维尔著：《旧制度与大革命》，冯棠译，65页。

的部分，就是没有发生类似变化的地方。这点很值得注意。"[1]

其次，他根据历史事实推翻了那种认为地产的划分始自大革命的错误观点。革命中，教士和贵族的土地被出售，但购买土地的多为现有的土地所有者，结果，财产虽换了手，所有者人数并未增加多少。"法国当时就已经存在大量土地所有者。"[2]革命的后果在于"解放土地"，使小土地所有者摆脱一向承受的奴役。

最后，他指出，在旧制度下，农民的处境并未因占有土地而彻底改变，恰恰相反，农民的处境在恶化。各种徭役、什一税都落在他们头上。"最贫困无依的农民却承受着日趋沉重的负担。"[3]农民命运悲惨："社会的进步使所有其他阶级富裕，却使农村人民灰心丧气；文明唯独与他们作对。"[4]托克维尔对农民的处境表示同情。他指责政府以暴力对付乞丐的行径。

托克维尔关于贵族的论述基本上与1836年的观

---

(1) 托克维尔著：《旧制度与大革命》，冯棠译，67页。
(2) 托克维尔著：《旧制度与大革命》，冯棠译，67页。
(3) 托克维尔著：《旧制度与大革命》，冯棠译，165页。
(4) 托克维尔著：《旧制度与大革命》，冯棠译，166页。

点相同。不过，在这里他进一步指出了贵族灭亡的必然性。贵族在农村中已不掌握政权，只是"第一居民"而已。由于贵族的衰落，在18世纪，"封建制度差不多已被摧毁"，"已不再是一种政治制度"。[1]

1836年，托克维尔论述的是第三等级，他的语句几乎同于大革命时期的西衰耶斯。二十年以后，他的思想向前发展，论述资产阶级与贵族、农民和城市下层人民的对立，他们比贵族还富有，仅仅在权利上还有差别。国王成了他们的债务人。托克维尔特别指出："行政官员几乎全是资产者，他们已经构成一个阶级，有其特有的精神、传统、道德、荣誉，这是新社会的贵族，它已经形成，生气勃勃，只待大革命为它腾出位置。"[2]

托克维尔对旧制度下各阶级所做的分析，尤其是对农民状况的分析是前所未有的。但是他的阶级分析并不十分确切，有必要根据史实加以订正。

第一，旧制度下农民的土地问题远未解决。的确，

（1） 托克维尔著：《旧制度与大革命》，冯棠译，73页。
（2） 托克维尔著：《旧制度与大革命》，冯棠译，103页。

1789年以前农民占有土地大约占全国土地面积的百分之三十至百分之四十,和欧洲其他国家相比,他们占有的土地最多。贵族土地大约占全国土地面积的四分之一。但是农民的人口却占全国的百分之八十,贵族的人口只占全国的百分之一。这样,农民的土地并不足以维生,土地问题只有等到大革命后才能彻底解决。

第二,旧制度下的中央集权制仍旧是贵族占统治地位的封建制度,请看大革命前夕的情况:国王的全体大臣除内克外,都是贵族。王家法庭里的法官也均为贵族。所有各省总督、主教、高级神职人员都是贵族。军官也几乎全部为贵族。贵族在自己的领地内仍享有司法权。[1] 法国革命的根本任务就是摧毁这个封建制度。

托克维尔在第三编第二章论非基督教运动对大革命的影响时,对教会进行分析。法国革命的特点是基督教与现存制度同时遭受猛烈攻击。这种现象的特殊原因不能在宗教本身寻找,而应在社会上寻找。燃起

---

(1) 威廉·多伊尔:《法国革命的起源》,牛津大学出版社1980年版,116页。

人们冲天怒火的与其说是宗教教义,不如说是政治制度;"并非因为教士们自命要治理来世的事务,而是因为他们是尘世的地主、领主、什一税征收者、行政官吏;并非因为教会不能在行将建立的新社会占有位置,而是因为在正被粉碎的旧社会中,它占据了最享有特权、最有势力的地位"。[1] 教会是国家机构的基础与模型,因此,要想推翻国家机构,就必须摧毁教会机构。

托克维尔详细考察了旧制度下的行政机构,认为中央集权制度的加强是封建制度垮台的原因。中央集权制与巴黎的至高无上权力,"法国这两个特殊事实足以解释为什么一次骚乱就能彻底摧毁君主制"。[2]

托克维尔考察了政治机构之后又回到社会考察上来。旧制度下的人们日趋平等。另一方面,各阶级之间日益分离,社会变为一盘散沙,阶级的分离与政治自由的毁灭导致了旧制度的灭亡。不过托克维尔认为在旧制度下,法官仍具有独立性,国王对之也无可奈何,托克维尔在这里指的自然是高等法院。他虽然从

---

(1) 托克维尔著:《旧制度与大革命》,冯棠译,46页。
(2) 托克维尔著:《旧制度与大革命》,冯棠译,236页。

未注明，但他的思想很多皆源自孟德斯鸠。托克维尔一方面认为旧制度是中央集权的专制制度，另一方面却又认为旧制度下人们的自由比今天还多，作家可以自由地谈论政府问题，形成了一种煽动的政治力量，国家规定虽严，执行却松。托克维尔在这里表现出他对第二帝国的憎恨：拿破仑专政把军事警察官僚机器以前所未有的规模加强起来。

在第三编中，托克维尔还论述了法国革命的直接原因——精神原因。法国革命的爆发是作家启蒙思想广为传播并付诸实践的结果。托克维尔对启蒙哲学家持反对态度，他欣赏的是经济学派。因为哲学家要用理性与自然法为武器推翻现存政治制度，而经济学派只要求通过公共教育等方式改革专制制度。看到三个等级的陈情书提出要用理性改造整个社会、法律、习俗，托克维尔感到恐惧。他用法兰西民族性来解释这种现象，由于法兰西民族是"世界上最有文学修养、最钟爱聪明才智的民族"[1]，对于抽象的社会思想天生就容易吸取，因而"在精神上生活在作家建造起来的

（1） 托克维尔著：《旧制度与大革命》，冯棠译，180页。

那个理想国里了"。

托克维尔关于革命的理论的第二个观点是，认为法国在路易十六统治时期空前繁荣，人口与财富迅增。整个社会，包括国王在内，都在从事改革。启蒙作家已经成为强大的政治力量。但是"对一个坏政府来说，最危险的时刻通常便是开始实行改革的时刻"。法兰西民族这时仿佛看到了新的未来。"法兰西精神"沸腾起来，人们对一切旧机构的仇恨激增，法兰西民族正朝着一场革命走去。

托克维尔关于革命的理论在全书的结尾作了总结：唯有法兰西民族"才能造就一场如此突然，如此彻底，如此迅猛，然而又如此充满反复、矛盾和对立的革命。没有我所陈述的那些原因，法国人绝不会进行一场革命；但是必须承认，所有这些原因加在一起，也不足以解释法国以外类似的革命"。[1]

托克维尔将大革命的直接原因归之于精神原因，特别是归之于法兰西民族性，这种观点既有唯心主义的成分也有科学的合理成分，应当加以具体分析。首

（1） 托克维尔著：《旧制度与大革命》，冯棠译，242页。

先，启蒙哲学为人民所接受，是因为他们的生活实践需要理论的指导，理论将指引他们去谋取更多的利益。其次，法国革命呈现的种种特点是由革命所面临的特殊任务和环境所决定的。但是，历史活动既然是人的活动，人的思想感情性格便会左右人的行动，因此不能否认，精神原因与法兰西民族性是大革命爆发，特别是形成大革命种种特点的一部分原因。马克思主义经典作家认为，没有革命的理论就不会有革命的运动，启蒙哲学同大革命之间正是这样一种关系。

托克维尔史学思想的影响

法国在19世纪产生了许多具有世界性影响的伟大作家、历史学家和政治家。亚历克西·德·托克维尔便是其中之一。从托克维尔逝世至今，一百多年过去了，然而他的著作与思想至今仍然引起人们的重视。[1]

（1） J.莱夫利（Lively）出版《亚历克西·德·托克维尔的社会政治思想》（牛津，1962年）。S.德雷谢尔（Drescher）出版《托克维尔与英国》（哈佛大学出版社1964年版）。特迪·布鲁尼乌斯（Teddy Brunius）出版《亚历克西·德·托克维尔，社会学美学家》（乌普萨拉，1960年）。

《旧制度与大革命》的出版产生了极大影响。从1856年到托克维尔逝世的1859年，短短的三年间，这部书就在法国印行了4版，共9000册；到1934年已印行16版，共计25000册。几乎与法文版出版的同时，这部著作由亨利·里夫译成英文，开始在英国出版，至今印行多次。迄今《旧制度与大革命》在英国已有13个版本，牛津大学在20世纪初也把它列为历史学与社会科学学生的教科书。1856年，在美国与德国分别出版了这部著作的英译本与德译本。

1857年4月5日，德国历史学家兰克致函托克维尔道："您的第一部作品（《论美国的民主》）给我留下了深刻印象。因为在这部作品中，我看到现代社会的首要问题已得到阐述，您对此情况了如指掌。同样您的后一部作品（《旧制度与大革命》）在德国读者中也受到了普遍赞赏。"[1] 兰克在他的《1791年与1792年，革命战争的起源与开端》（1875年）中，曾加以引证。

（1） 托克维尔：《旧制度与大革命》，法文版，迈耶"重印按语"，巴黎，伽利玛出版社1967年版，11页。

近几十年来，在法国出现一股托克维尔热，研究他的论文与著作不断涌现。1970年，弗朗索瓦·孚雷（François Furet）在《年鉴》发表论文《托克维尔是法国大革命历史学家吗？》，1974年，又在《年鉴》发表论文《旧制度与大革命：重新解释》，评述托克维尔的著作《旧制度与大革命》中的主要思想。1977年，皮埃尔·吉贝尔（Pierre Giberl）出版了托克维尔文选《社会平等与政治自由》，并加上导言和评注，勒内·雷蒙（René Rémond）作序。1981年，格扎维埃·德·拉·富尼埃尔（Xiavier de la Fournière）出版了《亚历克西·德·托克维尔，一位独立的君主主义者》。1984年，安德烈·雅尔丹（André Jardin）出版了传记《亚历克西·德·托克维尔，1805—1859》，这是作者30年研究的成果，从而把对托克维尔的研究更加引向深入。1995年，皮埃尔·吉贝尔发表论文《托克维尔著作中的宗教思想及其未来》。20世纪70年代至90年代，研究托克维尔社会政治思想的论文与著作在法国国内外层出不穷。1993年，弗朗索瓦兹·梅洛尼奥（Françoise Mélonio）出版了《托克维尔与法国人》，进一步拓宽与推动托克维尔研究。国际性的研究机构"法美托克维尔学会"在美国奥克兰大学出版季刊《托克维尔评论》。托克维尔研究已在世界范围展开。尤其可喜的是,在中国托克维尔的两部名著《论美国的民主》(1835—1840年)与《旧制度与大革命》(1856年)先后在1988年和1992年出版了中译本。有关托克维尔的研究论文早已出现,中国学术界也融入了这股托克维尔热。

托克维尔热的出现有其社会原因。由于20世纪30年代西欧出现了极权主义的法西斯制度,以及随后出现的庞大的官僚机构,随着消费社会的发展,人们对前途感到失望,感到孤独,感到丧失了自由,陷入了精神危机。在不存在革命条件的西欧,马克思的阶级斗争学说暂时被置于脑后是不奇怪的。人们重新思考民主与自由的关系问题,他们注意到托克维尔的天才预见,这位资产阶级自由主义者曾自诩:"除了自由与人类尊严的事业,我并无事业。"[1]他的思想重又得到社会的重视。

---

(1) J.-P. 迈耶:《旧制度与大革命》导言,商务印书馆1992年版,6页。

托克维尔史学思想的贡献及其局限性

托克维尔史学思想在《旧制度与大革命》中得到全面阐述。他的其他著作也体现了这些思想。我们将具体分析这些思想,搞清其中的科学成分,即托克维尔的主要贡献,以及其局限性,非科学成分。

托克维尔史学思想的科学成分是多方面的。首先应当指出的是他研究历史的方法。他把历史作为一个漫长的发展过程进行考察,注意到各个发展阶段的变化特点,因而使他能够在历史转变时期作出天才的预见。1835年,他在《论美国的民主》前言中,曾追溯自11世纪以来700年的法国历史,证明民主与平等是历史的必然趋势,这是长时段的历史。他从中得出结论:"一场伟大的民主革命正在我们中间进行。"[1] 1848年欧洲革命证实了这一预见的科学性。

托克维尔史学思想体现了辩证法的精神。历史的连续性是他阐述的重要问题。他注意到新社会与旧制度的连续性。大革命的本身便是旧制度的产物。

---

(1) 托克维尔著:《论美国的民主》,董果良译,商务印书馆1988年版,320页。

旧制度下的人们的思想、感情、习惯依然存在，虽然面貌有点变化，但本质未变，永远可辨认出来。旧制度下的中央集权制在革命后重新出现，而且更加强大。

托克维尔强调历史事件的相互联系，他指出："法国革命对于那些只注目于这场革命本身的人是不可思议的；必须在革命前的各个时代寻找线索，才能理解这场革命。"托克维尔研究旧制度正是为了寻找线索来理解法国革命。对旧制度的研究开辟了一个新的研究领域，它包括古老的社会政治制度，包括宗教、法律、经济，还有思想感情、道德习惯。历史学与社会学的研究方法紧密地结合在一起。1864年，库朗日（Fustel de Coulanges）出版了《古代城市》，1876年泰纳（H. Taine）出版了《旧制度》，他们都运用了这一研究方法。法国革命史学沿着这条路线一直发展到今天。在这方面，法国年鉴学派发挥了巨大影响。1978年，米歇尔·佛维尔（Michel Vovelle）教授出版了《18世纪普罗旺斯的巴罗克虔诚与非基督教化》，对旧制度的研究发展到心态史这一更为细致深入的阶段。

托克维尔出色地运用比较史学的方法，从大西洋范围考察旧制度与大革命。《旧制度与大革命》第一编第四章名为"何以几乎全欧洲都有完全相同的制度,它们如何到处陷于崩溃",托克维尔分析了英、法、德三国,认为17世纪的英国便已成为现代国家。托克维尔提出:为了便于理解将发生的事件,必须把目光投向法国以外,"因为,我敢说,谁要是只研究和考察法国,谁就永远无法理解法国革命"。[1]阿尔贝·索雷尔(Albert Sorel)1885年至1904年出版的《欧洲与法国大革命》出色地体现了这一思想。托克维尔善于通过比较发现历史事件的特殊性。他将16世纪的宗教改革与18世纪的法国革命加以比较,发现法国革命是一场全欧洲性的政治革命。

托克维尔注意到历史发展的必然性与偶然性的辩证关系。他在1850年所写的《回忆录》中分析了二月革命的原因。认为它是从一般原因产生的,但是由偶然事件引发的,两方面的因素都不应忽略。对法国革命的分析也运用了这一辩证方法。大革命的爆发是历史长期发展的必然结果,但它的直接起因却是偶然的,

---

[1] 托克维尔著:《旧制度与大革命》,冯棠译,58页。

这便是1786年英法通商条约、1788年的歉收、粮食买卖彻底自由、1789年冬季的严寒。"自然界的偶然事变酿成了政治上的重大事件"。[1] 当代法国历史学家拉布鲁斯（E. Labrousse）1933年出版的《18世纪法国物价与收入的运动概况》和1944年出版的《旧制度末期与大革命初期的法国经济危机》，深入研究了大革命的经济原因。

在《旧制度与大革命》一节前言中，我们已经看到托克维尔把历史作为科学，运用大量档案进行研究，他在历史编写上也采用了新的方法，这是法国革命史学发展上的一次革新。早在1836年他便说道："居维叶（Georges Cuvier）说，有机体的各部分之间存在一种必然联系，乃至人们遇到从它们那里脱离出来的一部分，便可以复原整体。一种同样的分析工作可以用来了解制约所有事物的大部分普遍规律。"[2] 抓住事物的特殊性加以深入的分析是托克维尔治学方法的最大

（1） J.-P. 迈耶主编：《亚历克西·德·托克维尔全集》第2卷，法文3版，第一编第六章，123页注释2。
（2） J.-P. 迈耶主编：《亚历克西·德·托克维尔全集》第2卷，法文3版，58页。

特点。《旧制度与大革命》各章的题目都牵涉到有关大革命的重大研究课题。这些课题至今仍是历史学家们进行研究的对象。

托克维尔对阶级的分析论述在法国革命史学上占有重要位置。他说道："人们会拿单个人的例子来反驳我；我谈的是阶级，唯有阶级才应占据历史。"[1] 阶级分析是复辟时期历史学家留下的宝贵传统，托克维尔将它运用来分析旧制度下农民的经济状况，他的研究成果受到马克思的重视。马克思在《资本论》第三卷第六编47章"V.分成制和农民的小块土地所有制"中，把《旧制度与大革命》（巴黎，1856）列为参考书。勒费弗尔在托克维尔影响下写出了《大革命时期的诺尔省农民》（1924年）。托克维尔史学思想的这些科学成分是与当时社会发展分不开的。从19世纪初开始，由于资本主义机器大工业的发展，自然科学也得到了巨大的发展。这时，不只力学和数学，其他许多重要部门都有了很大的发展。在自然科学的发展上以搜集材料为主的阶段已经结束，自然界各种运动形态

（1） 托克维尔著：《旧制度与大革命》，冯棠译，158页。

的许多重要规律已经发现，其中最重要的是三大科学发现——细胞学说、能量守恒和转化定律、达尔文的进化论，这些发现揭示了自然界的历史发展规律。它使宗教迷信、唯心主义和形而上学观点受到严重的打击。与托克维尔同时代的法国实证主义哲学家、社会学的创始人孔德把自然科学的方法应用于社会科学，提出了人类社会不断发展的思想，认为人类社会的发展是有规律的。托克维尔的著作浸透了这个时代的精神，他所提到的居维叶，便是法国著名的动物学家和古生物学家。

托克维尔史学思想的科学成分同他的社会实践也是分不开的。他从政的时间虽然不长，只有17年，但这个时期正是法国社会阶级斗争最激烈最复杂的时期。他亲身经历了第一帝国、复辟王朝、七月王朝、第二共和国、第二帝国五个重要历史时期，并担任法官、议员直至外交部长的职务。社会实践从多方面培养了他的分析观察能力，他对大革命历史地位的分析、对旧制度政治结构的分析、对旧制度中各阶级的分析，都超出了前人的水平，推进了法国革命史学的发展。

另一方面，托克维尔史学思想又带有一定的局限性。前面已经说过，他对大革命历史意义的评价已经超过了前人，但是在论述贵族的历史作用时，却未能摆脱贵族传统观念的束缚。这同他的生活和家庭背景是有关系的。他曾自我表白说："在思想上我倾向民主制度，但由于本能，我却是一个贵族——这就是说，我蔑视和惧怕群众。自由、法律、尊重权利，对这些我极端热爱——但我并不热爱民主。这是我内心深处的表白……我无比崇尚的是自由。这便是真相！"[1]这段表白刻画出一个资产阶级自由主义者的内心世界。托克维尔对大革命的评价同他对启蒙学者的态度之间的矛盾，表明他并不热爱大革命，他所爱的是主张改良的经济学派，在不解冻专政制度的条件下，实行改革。

1848年革命给托克维尔留下的是对革命、对人民群众的恐惧。他在1850年所写的《回忆录》中处处表现出这一点。其实这是整个法国资产阶级的共同心理。

（1）托克维尔：《社会平等与政治自由》，见彼埃尔·吉贝尔前言，巴黎，1977，21页。

六月起义表明无产阶级已经独立走上政治舞台，成为与资产阶级夺取政治权力的一支新的政治力量，统治阶级面临着新的问题。如何从历史上论证资产阶级与贵族联合对于巩固政权的重要性，是托克维尔史学思想的一个重要内容。托克维尔对旧制度下各阶级状况所做的分析正是出于这样的目的。这是托克维尔与复辟时期历史学家的不同之处。复辟时期的历史学家从历史上阐述第三等级与封建势力之间的阶级斗争，以论证资产阶级应当执掌政权，谴责封建贵族的特权，为当前激烈的政治斗争服务。托克维尔研究阶级问题的目的是要说明"划分阶级是旧王国的罪过，因为国家中富裕和有教养的那部分人再也不能和睦相处，互相援助，政府这时也就不可能存在下去"。旧制度的灭亡"给世界提供了一个值得记取的范例"。托克维尔的阶级分析既然局限于这样的目的，便不可能去揭示阶级产生与发展的普遍规律。1889年2月，恩格斯曾致信考茨基道："现在把《新时代》的文章（指考茨基《1789年的阶级对立》——作者按）寄回，附上一些粗略的评语。主要缺点是缺乏材料；被庸人奉若神明的泰恩（指泰纳《现代法国的起源》——作者按）和托克维尔(《旧制度与大革命》——作者按)在这里是不够的。"[1]资产阶级历史学家不可能揭示阶级产生的根源,不懂得阶级的产生并不是某个王国的罪过,它是同社会经济的一定发展阶段相关的,是历史发展的进步。托克维尔的唯心史观是不可取的。

托克维尔关于贵族的作用与阶级的划分的思想是同英国政治对他的影响有很大关系的。他曾经说道:"我的感情和思想有许多是英国的,在思想上,英国已成为我的第二故乡。"[2]

托克维尔一生多次游历英国。1833年他首次旅英,考察了英国贵族的政治经济状况。英国贵族不仅拥有大量地产,而且国王授予他们官职,任命他们担任地方治安官(juetice of peace)。世代相传的地产是贵族的存在基础。贵族的大门是开放的,有钱者均可跻身贵族行列,因此,贵族的定义并不严格。托克维尔在《旧制度与大革命》中比较了英法两国贵族,认为法国的贵族不过是种姓(一个称谓),英国的贵族才名实相

---

(1) 《马克思恩格斯全集》第37卷,144页。
(2) 西摩·德雷切尔:《托克维尔与英国》,前言VII,哈佛大学出版社1964年版。

符。

1835年他和博蒙一起重游英国，这时他已成名，被邀请参加议会工作。他访问了正在经历工业革命的大城市伯明翰、曼彻斯特。托克维尔的《论美国的民主》第二部分有许多思想产生于这个时期，尤其是最有名的一章"贵族如何在制造业中产生"。

1857年托克维尔最后一次旅英。他的目的是到大英博物馆查阅关于法国革命的资料。他在7月29日写给科尔赛尔伯爵的信中谈到这次旅英的印象："人们处处见到的是团结融洽，它体现所有构成有教养的阶级的人们当中，从资产阶级起直到最上层的贵族，其目的是共同保卫社会，自由地领导社会。我从不羡慕英国的财富和权力，但我却羡慕它的这一点；多少年来，我还是头一次在没有各个阶级间仇恨与嫉妒的环境中呼吸，各阶级间的仇恨与嫉妒是我们所有苦难的根源。正是它们毁灭了我们的自由。"[1] 托克维尔不仅美化英国，也反映出其贵族偏见。托克维尔的历史性思想深受英国政治的影响，带有很大的保守性，这是十分明

（1） 托克维尔：《社会平等与政治自由》，247页。

显的。

托克维尔认为历史具有连续性，这种历史主义思想是正确的。但他把法国革命前后的中央集权制度作为这种连续性的证明却是缺乏分析的。乍看起来旧制度下的中央集权制与大革命中的中央集权制以及拿破仑的中央集权制都是一回事。但是经过认真分析，就可以发现其中有巨大的差异：旧制度下的中央集权制代表的是封建贵族的利益；大革命中的中央集权制——雅各宾专政代表的是新兴资产阶级的利益；而拿破仑的中央集权制则代表大资产阶级的利益。三个历史时期有三种不同的阶级实质。政体未变，国体却发生了巨大变化，而历史学家的任务就是要发现和研究这种变化。

托克维尔抛开具体的历史环境论述中央集权制，以主观臆想代替了历史的分析。中央集权制在历史上曾是一种进步的因素，请看马克思在《法兰西内战》中的有关论述："中央集权的国家政权及其遍布各地的机关……是起源于君主专制时代，当时它充当了新兴资产阶级社会反对封建制度的有力武器。但是，封建领主的特权，地方的特权。城市和行会的专制以及各省的法规等这一切中世纪的垃圾阻碍了它的发展。十八世纪法国革命的大扫帚,把所有这一切中世纪的垃圾都扫除干净,从而从社会基地上清除了那些妨碍建立现代国家大厦这个上层建筑的最后障碍。这座大厦是在第一帝国时期建立起来的,而第一帝国本身则是由老朽的半封建的欧洲反对近代法国的几次同盟战争产生的。"[1]马克思的论述精辟地分析了中央集权制的起源与作用,解决了法国革命研究的一个重要问题。

托克维尔研究历史是为了预言未来,他的历史思想是积极进取的。但作为一个天主教徒,他把自然界与人类社会的发展规律都冠以上帝的神圣光彩,他把民主与平等视作"神的旨令",谁若阻止便是违抗"上帝的意志"。他把人看作"上帝手中盲目的工具";[2]上帝在每个人的周围画了一个命定的圆圈。但是在这个圈子的广大范围内,人却是强有力而自由的,他能决定民主与平等是引向奴役还是自由。然而,当托克维尔展望资本主义社会的前景时,他的悲观主义便占了

---

(1) 《马克思恩格斯选集》第 2 卷,372 页。
(2) 托克维尔著:《论美国的民主》,董果良译,7 页。

上风,平等将引向专制,金钱将引向堕落,人类的未来是一片黑暗。资产阶级历史学家的阶级局限性使他陷入了窘境。

《旧制度与大革命》内容提要

第一编

人们对1789年法国爆发的大革命历来评价不一。托克维尔在第一章中介绍了当时的人们对大革命的看法。他认为,再也没有像法国大革命那样无法预料的事件了。这是因为大革命与历史上其他的事件不同,它具有独特的新面貌,而最初并未被人们所察觉,就连当时的普鲁士国王、大革命的先行者弗里德里希也视而不见。其他国家人民心目中已经隐隐约约产生了新时代即将到来的感觉。最初,各国君主和大臣都认为革命只不过是一场周期性的疾病;法国大革命是一次转瞬即逝的地方性事件,与以往的事件一样,不会

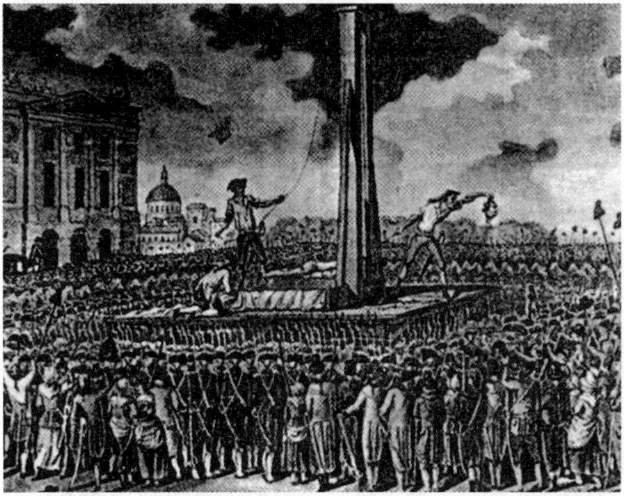

形成大气候。英国人富有革命经验，他们看出了临近的革命的伟大，然而，他们并不知道大革命对世界的影响和对英国的意义。英国的一些政治家和学者也对法国大革命的意义无定见，如埃德蒙·伯克认为，大革命即将使法国削弱，甚至灭亡。

在法国，人们对革命将成就的事业也没有明确的认识，反而有某种恐惧心理。他们害怕王权继续压倒一切，害怕对他们实行武力。

然而，法国大革命按照自己的进程发展。它摧毁了政治机构，改变了法律，改变了社会风尚和习俗，很快波及到欧洲各国。

随着这一切的爆发，人们的观点开始发生了变化。欧洲各国君主和政治家对此感到茫然。一些人认为，大革命最终将彻底毁灭人类社会。许多人将大革命视为魔鬼。但是，有些政治家看到了大革命的意义，他们认为，法国大革命不仅要更新法兰西的面貌，而且要使世界焕然一新，要创造一种新人类。

托克维尔认为，现在是研究和论述法国大革命的时候了，应该明确回答这场革命的真正意义、特点及深远影响等问题。

托克维尔在第二章中论述了法国大革命的本质和最终目的。他认为，大革命的目的并非像人们过去认为的那样，是要摧毁宗教权力和削弱政治权力。不错，法国革命最初的措施之一是攻击教会，而且从始至终贯穿着反宗教的激情。但是，反宗教只是大革命的一个事件，是大革命面貌的一个转瞬即逝的特征，是激发大革命思想和革命激情的诱因，而不是大革命的本身特征。18世纪的哲学思想可以说是大革命爆发的一个主要源流，它有深刻的反宗教性。但是，这种思想包括两个部分：一是包括关于社会地位、民事及政治法律准则等新观点，这些才是法国大革命的根本思想，是大革命永久的业绩；18世纪哲学思想的另一部分内容是攻击教会，而摧毁教会的目的，在于彻底推翻旧制度。

基督教之所以激起这样强烈的仇恨，并不是因为它是一种宗教，而是因为它是一种政治制度；并非因为教士们自命要治理来世的事物，而是因为他们是尘世的地主、领主、什一税征收者、行政官吏；并非因为教会不能在行将建立的新社会占有位置，而是因为教会在即将被粉碎的旧社会中，占据了最有特权、最有势力的地位。正因为如此，教会才成为了革命的目标。但是，宗教信仰是不可缺少的。在大革命所攻击的一切旧制度被彻底摧毁之后，教会失去了以往的特权，回到了它应该在的位置上，因此，宗教信仰逐渐在人们的精神世界得到恢复，不仅法国如此，欧洲也是如此。在基督教乃至天主教中，并没有什么东西是与后来建立的社会的精神绝对对立的，相反，许多东西甚至是大有裨益的。历朝历代的历史表明，最富有生命力的宗教本能地始终扎根在人民心中。

托克维尔在论述社会权力的变化时指出，大革命推翻了旧的社会等级制度和束缚人的一切机构和习俗，摧毁了一切社会秩序，摧毁了一切公认的权势，建立起平等的单一的中央政权，它将从前分散的从属机构、等级、阶级、官员、个人都包容在它的统一体中。这个庞然大物既强大又脆弱。

托克维尔认为，大革命是一场以宗教革命形式展开的政治革命。他在第三章中详细阐述了这一观点。他说："法国革命是以宗教革命的方式、带着宗教革命的外表进行的一场政治革命。"[1]他认为法国革命没有

（1） 托克维尔著：《旧制度与大革命》，冯棠译，51页。

自己的疆域，它的影响远远越出国界，超越一切国籍，它组成了一个理念上的共同祖国，各国人民都是它的公民。各个民族原来的利益都被忘在脑后，各种原则问题取代了领土问题。他说，历史上没有一场革命像法国革命那样影响深远。

托克维尔认为，法国革命的这些特点只有在某些宗教革命中才能找到。首先，法国革命是以宗教革命的方式进行的。它不仅像宗教革命一样传播甚远，而且像宗教革命一样也是通过"预言"和"布道"深入人心的。人们满腔热情地在国内进行革命，又以同样的热忱向国外传播革命思想，这一特点与宗教革命很相似。

另外，宗教的一般特征是把人本身作为考察对象，而不去注意国家的法律、习俗和传统对人们的共同本性的影响。宗教传播的目的是要调整人与上帝的关系，调整人与人之间的关系，人的一般权利和义务，而不涉及社会的政治体制。教会制定的行为规范并不限于某国某时的人，而指所有的人。正因为如此，宗教便能被所有人接受，教义是放之四海而皆准的理论。这一特征使它可以广泛传播，不论法律、政体、民族有何不同。基督教在历史上就是因为比其他宗教更能超脱某国民族、某种政府形式、某种社会状态、某个时代及某个种族所特有的东西，所以才轻而易举地越过各种障碍，在很短的时间内就遍布全球大部分地区。法国革命正是依照宗教传播的方式展开的，但是法国革命是为了改变现世，宗教革命则寄托来世的改变。宗教把人看作一般的、不以国家和时代为转移的人，法国革命与此相同，革命有时也抽象地看待公民，超脱一切具体的社会。革命不仅仅涉及法国公民的权利，而且涉及人类在政治上的一般权利和义务。所以法国革命能被一切人理解，能到处为人效仿。法国革命致力于人类的新生，而不仅仅是法国的改革，所以它能够燃起一股热情，激发传播者的主动性，并掀起一场宣传运动。因此说大革命带有宗教革命的色彩。

在第四章中，托克维尔讲述了其他欧洲国家的情况，他认为有必要对法国以外的国家作一番考察，否则就永远无法理解法国革命。欧洲各国有完全相同的制度和历史文化渊源，这也是法国大革命的影响远远超出国界的原因之一。

他说，推翻罗马帝国并最终建立近代国家的那些民族，在历史的发展中，形成了统一的法律。他在研究英、法、德中世纪政治制度之后，发现他们的法律之间存在着惊人的相似之处。在这三个国家里，政府都是依据同一准则行事，议会都是由同样等级的人组成，并赋予同样权力；社会以同样方式被划分为等级，同样的等级制度出现在各个国家；贵族占据同样的地位，拥有同样特权；城市结构彼此相似，土地按同样的方式为人们所拥有。总之，欧洲各国的社会、政治、行政、司法、经济和文学制度都具有相似性。但是，一切中世纪的权力制度都在衰落，处处毫无生气，如自治市制度早在13世纪和14世纪就已经使德意志的主要城市成为一个个富庶开明的小共和国，到18世纪依然存在，但是城市已徒有其表。它们的一套方法仍在使用，行政官员仍保留原先的名称，而且仿佛在管理同样的事务，但是过去那种积极性、活力以及城市制度所激起的刚毅和取之不竭的品德，已经消失不见了。欧洲呈现出衰败的景象，贵族阶级贫穷衰弱；省议会虽然原封不动地保留其古老的政治形式，但已经跟不上文明的脚步。旧制度一天天烂下去。

然而，同一时期的德国和法国社会却很繁荣，经济蒸蒸日上。自17世纪以来，封建制度已经基本废除，各个阶级互相渗透，贵族阶级已在消失，贵族政治已经开放，财富成为一种势力，法律面前人人平等，赋税人人平等，出版自由。国家权力机构也发生了变化，建立在地方势力废墟上的国家行政机构向四面延伸，日益取代贵族统治，形成了官吏等级制度。这些新事物一点一滴地渗入这古老的躯体，给它注入了活力。

托克维尔以上对法国之外的欧洲的形势的论述进一步说明，不但法国的旧制度正在逐步崩溃，而且整个欧洲的旧制度也在走向死亡。

第五章是对这一编的总结。他指出，大革命并不是为了摧毁宗教信仰的权威，实质上是一场社会政治革命；在政治制度方面，大革命并不像反对者说的那样，要引起混乱，要保持无政府状态，要改变西方社会的文明和根本法律，而是要增加公共权威的力量和权利。这场革命的成果就是摧毁若干世纪以来绝对统治欧洲大部分人民的、通常被称为封建制的那些政治制度，代之以更一致、更简单，以人人地位平等为基础的政治社会秩序。

由于古老的制度与欧洲的一切宗教法律及政治法律交织在一起，而且还有这些制度产生的一整套思想、感情、习惯、道德作为附属物，它们混合在一起，所以需要一场翻天覆地的革命。大革命似乎摧毁了一切，因为它触及一切，与一切相连。事实上，大革命彻底摧毁和正在摧毁的是旧社会中贵族制和封建制所产生的一切以及带有贵族制和封建制最微小的印记的一切。大革命从旧世界保存下来的只是同这些制度格格不入或者独立于这些制度之外的东西。如果它不曾发生，这古老的社会建筑同样会逐渐坍塌。大革命直截了当，毫无顾忌地突然间便完成了需要自身一点一滴地、长时间才能成就的事业，完成了十代人才能完成的工作。这就是大革命的业绩。

第二编

托克维尔在第一章回答了大革命为什么在法国爆发，而没有在其他国家发生的问题。他认为，"革命并不是在那些中世纪制度保留得最多、人民受其苛政折磨最深的地方爆发，恰恰相反，革命是在那些人民对此感受最轻的地方爆发；因此在这些制度的桎梏实际上不太重的地方，它反而显得最无法忍受"。[1]

他首先指出欧洲其他国家旧制度的残余比法国保留得多。18世纪末，德意志几乎没有一处彻底废除了农奴制，大部分地方的人民仍牢牢地束缚在封建领地上。农民如果离开，就会被追捕，以武力押回；私生活受到监视；连结婚都要得到主人的同意；他们的大部分时间要为主人服劳役，有些地方农民每周要服劳役三天；农民耕种土地永远是强制性的，他们必须根据领主的眼色来决定在自己的地里种植什么，出卖的产品也要由领主决定，他们的一部分产业要归领主，而不完全归他们的子嗣继承。而在法国早已不存在这种现象，农民可以任意处置自己的产品。农奴制在绝大部分地区已经绝迹；农民已成为土地的所有者。托克维尔认为，在大革命之前，地产的划分已经开始。至少在大革命以前20年，便有一些农民协会对土地的过分分割感到不满，所以地产的划分并非始于大革命，在此之前，法国农村已经存在大量的小地产主。有人估计法国有一半土地已属于农民所有。

（1）　托克维尔著：《旧制度与大革命》，冯棠译，64页。

大革命的确出售了教士的全部土地，以及贵族的大部分土地，但是，这些土地大部分是由已经拥有其他土地的人买走的，因此，地产虽然易手，地产所有者数目的增加比人们想象的还是小得多。大革命的成果不是划分土地，而是暂时解放了土地。

在德意志莱茵河的某些地区，18世纪末，农民已经成为土地所有者，这些地方是法国革命热潮最早席卷的地方。相反，德意志那些长期不为革命热潮所波及的地方，就没有发生土地分割的现象。

贵族不但逐渐失去了土地，而且不再管理教区的事务，18世纪教区的一切事务都是由一些官吏主持，他们当中一些人是由该省总督任命。领主几乎不再是国王在教区的代表，不再是国王与居民之间的中介人。

虽然法国农民与欧洲其他地方不同，已经摆脱了领主的管辖；虽然贵族享有的政治特权已经消失，但经济方面的特权却保留下来了。如各省的领主还征收市集税和市场税；领主仍然享有狩猎权；强迫农民在领主的磨房磨面；农民要缴土地转移和变卖税；出售和购买土地，每次都要缴纳税费；都要担负年贡、地租。并且教会与领主一样享有同样的好处。主教、议事司铎和修道院院长据不同的教职拥有不等的采邑或拥有征收年贡的土地，他们使用徭役，征收集市和市场税，备有烤炉、磨房、压榨机和公牛，村民付税后方可使用。教士仍然有权征收什一税。

所有这些封建权利在当时欧洲的大部分地区完完全全地保存下来，那么为什么同样的封建权利在法国人民的心目中激起如此强烈的仇恨，以至于最终爆发了大革命？托克维尔认为，"一方面是法国农民已变为土地所有者，另一方面是法国农民已完全摆脱了领主的统治"。[1]所以，法国农民对所承受的义务就非常敏感。假如农民不是土地的所有者，那么他们对封建制度强加在地产上的多种负担便会无动于衷；如果法国农民仍然归领主统治，那么他们便会觉得封建权利并非不能忍受。当贵族拥有特权，而且拥有政权时，他们个人的权力再大，也不会引人注意。当贵族进行统治时，他们确保公共秩序，主持公正，执行法律，赈济贫弱，处理公务。对此，人们并不以为然。但是，当贵族不再负责这些事务，不再进行政治统治时，他

（1） 托克维尔著：《旧制度与大革命》，冯棠译，71页。

们的特权的分量就会显得十分沉重,甚至贵族本身的存在也成了问题,人民便无法忍受贵族的一切特权。托克维尔说,法国农民对土地有一种执着的追求,他们把全部的积蓄用来购买土地。可以想象,当农民终于有了一小块土地时,他还要为此付税,并不是给政府,而是给无权无势的地产主。那些地产主还强迫他们去服劳役;地产主们守候在河流渡口,向农民勒索通行税;农民付费之后才能在市场上售粮;自己食用的粮食必须到地产主的磨房去磨面,用他们的烤炉烘面包。在这种情况下,农民心中的怨恨必然越积越深。一部分旧制度被摧毁了,剩下的那些制度更会令人憎恨。

托克维尔在第二章阐述了他"中央集权制是旧制度的一种体制"的观点。作者坚持认为中央集权制并非大革命的产物,相反,这是旧制度的产物,这是旧制度在大革命后仍保存下来的政治体制的唯一部分,因为只有这种制度能适应大革命所创立的新社会,因此留存了下来。

托克维尔详细论述了旧制度下的中央集权制的产生和变化。他指出,巴黎是政治中心,是整个法国的心脏。它四周是财政区,即拥有隶属于国王的财政管理权和财政机关的地区。旧行政制度的规章制度多种多样,各种权利错综复杂。行政机构或政府官员遍布法国,这些官员彼此孤立,互不依赖,他们参加政府是凭借他们买到的一种权利,谁也不能夺走这一权利。他们的权限常常混杂、接近,从而使他们在同类事务的圈子里互相重叠,互相碰撞。

法庭间接参与立法;法庭有权在其管辖范围内制定带强制性的行政规章制度。有时法庭也与行政机构发生矛盾,指责政府的措施,并向政府官员发号施令。普通法官在他们所居住的城市和乡镇制定治安法令。

城市的体制同样是多种多样的。城市行政官员名目繁多,他们的权力来源也不同:在这个城市他是市长,在那个城市他就是行政官员,而在其他城市他又成了行会理事。一些人是国王选定的,另一些人是由旧领主或拥有采地的亲王选定的;有的人是由当地公民选举的,有些人是花钱买永久统治权。

在旧政权中,逐渐产生了一种相对新颖或经过改造的机构,这就是御前会议。在王权的周围,形成的御前会议是一个拥有特殊权力的行政机构,所有权力都集中在这里。它起源于古代，起初它只是国王个人的办事机构，它的大部分职能是在近代才增设的。它作为政府的委员会，既是最高法院，又是高级行政机构，一切特别管辖权归根结底皆出自于此。它还拥有立法权，依据国王的意志讨论并批准法律，制定和分派捐税。作为最高行政委员会，它制定政府官员的规章制度。它有权决定一切重大事务，监督下属机构。一切事务都由它最终处理，整个国家就从这里开始转动。然而御前会议并没有真正的管辖权，仍然在国王一人的统治之下。这便是中央集权制的前身。

御前会议并非由大领主组成，而是由普通人或出身低下的人，由有资历的前总督以及其他有实际经验的人构成，所有人员均可以更换。御前会议虽然权力很大，但是在外界常常是无声无息、默默无闻的，不引人注意，国王权威的光彩遮盖了它。

国家的整个行政事务和内部事务都委托给一位官员管理，即总监。国家日常事务由总监主持。各省都有自己的大臣，但他们很少有机会起重要作用。总监逐渐将所有与钱财有关的事务都纳入自己的管辖范围。总监的角色不断变换：财政大臣、内政大臣、公共工程大臣、商务大臣。中央政府在巴黎和在各省都只有这样一位代理人。18世纪，一些大领主带有省长头衔，这常常是世袭的，但是，他们不再拥有任何实际权力。总督才有实权。

总督是普通人出身，一般是年轻人。他不是靠选举、出身或买官职获得手中的权力。他是由政府从行政法院的下级遴选的，随时可以撤换。他被称为派出专员。他拥有行政法院所拥有的一切权力。他既是法官又是行政官员。在各地县里，总督可以任命行政官员，即总督代理。总督通常是新贵族，总督代理总是平民。总督代理在他指派区就是整个政府的代表。

这些官员虽然权力很大，但在封建旧贵族的残余面前却黯然失色，人们很难看到总督。而贵族在社会上拥有地位、财富，受人敬重。在政府里，贵族簇拥着国王，组成宫廷。贵族统帅舰队，指挥军队。若是有人提议任命大领主为总督，那是对大领主的侮辱，他们不屑于出任总督。总督在他们看来是僭权者的代表，是资产者以及农民派到政府中任职的一批新人，是一群无名小辈。

从钱方面说：捐税权包括了所有其他权利，但政府却独行其是，不愿受被统治者的任何干扰，所以每项纳税额的总金额都由总监、总督和御前会议所确定。

从人的问题上讲：法国人完全服从征兵这种制度由来已久。用抽签的方式决定农村青年入伍，组成自卫军，服役6年。御前会议确定兵额及各省的份额。总督规定各教区征兵的人数，总督代理主持抽签，然后交给军事当局。

此外，所有公共工程，都由中央政府的代理人决定和领导。

当然，独立的地方当局仍然存在，如领主、财政局、大路政官等，但是，他们几乎没有什么作为。制订规划和确定管辖权的是御前会议；总督指挥工程师工作；总督代理召集人员施工。中央政府在公共工程方面的重要代理是桥梁公路工程局。

中央政府依靠其代理人单独负责维持各省的治安。骑警队分成小队遍布整个王国，各地都置于总督的指挥之下。总督能够动用这些军队，应付意外危局，平息暴乱。司法机构有权制定治安条例，而御前会议可以任意取消这些条例。大革命前40年，无论社会经济或政治组织方面，所有法律都要经过御前会议裁决修改。

在旧的封建社会，领主有责任对自己领地内的穷人赈济。此类法律在法国好久以来已不复存在。中央政府果断地单独负起救济穷人的工作。御前会议每年拨发各省一定的资金，总督再分配给各教区。饥荒时期，总督负责向穷人拨放粮食。御前会议每年做出裁决，指定某些地方成立慈善工场，最穷苦的人可以去做工。不仅如此，中央政府还教给穷人致富之术，在必要时还强迫他们去致富。中央政府常常通过总督或总督代理人发放有关致富的册子，建立农业协会，发给奖金，开办苗圃等。御前会议还强迫个人发家，迫使一些手工业者使用某些方法生产某些产品。为此，建立了工业总监这一职务，工业总监往来于各省之间。"可见政府已由统治者转变为监护人了"。[1]

托克维尔在第三章中列举了城市和乡村的情况，以说明今天所谓的政府管理监督乃是旧制度的一种体制。他说，在封建制度崩溃后，城市仍保持自治权。直到17世纪还有这样的城市，行政官员由全体人民选

（1）托克维尔著：《旧制度与大革命》，冯棠译，82页。

举产生，对全体人民负责。1692年，选举制度被取消，国王在各个城市出售永久统治他人的权利。这是国王出于财政目的的权宜之计，80年间国王曾7次出售选举官员的权利。历来为购买城市官职而付出的钱，数额大得惊人。18世纪，每个城市仍然保持着古老体制的某些残余。1764年，政府着手制定一项治理城市的普遍法规。

最为常见的是，城市政府被委托给两个会议。所有大城市和大部分小城市都是如此。第一个会议由城市官员组成：这是城市的执行权力机构，时人称之为城市政府。他们经选举产生，行使临时权力；当国王收回城市权，并出售官职时，他们依赖财政手段，永久履行职权。任何情况下，城市官员不领薪水，但他们总是享受特权。他们中间没有等级顺序，行政权是集体的。行政官不能独自领导城市和负责城市管理。市长是市政府的主席，他不是城市的行政官。第二个会议是全民大会。在仍施行选举制的地方，它选举市政府官员，参与城市的主要事务。15世纪，全民大会由全民组成，而18世纪人们已经不再作为整体参加全体会议，全民大会都由显贵组成，其中有些人以其特殊身份而出席会议；另一些人是由行会和团体派出，每个人都在这里履行该小社会赋予他的强制委托权。特权显贵逐渐增加，在全民大会中也有团体代表。后来会议还包括资产者，不再有手工业者参加。因此，人民对城市的事务不闻不问。18世纪，各城市的政府便蜕化为小寡头政治。某些家族以一己之见主宰城市全部事务。在全法国，这种行政制度都是如此。总督便想方设法使城市权力隶属中央政府。中央政府深深涉足城市的管理。城市不能设立入市关卡、不能征收捐税、不能抵押、不能出售、不能诉讼、不能租赁城市财产、不能加以管理、不能使用收入中的盈余部分，城市的一切工程都要依照御前会议的方案和预算进行。可见中央政府的权力远远大于城市的权力，政府实际上控制着城市的一切事务，无论巨细，总督管理所有事务。而城市官员则自感人微言轻。

乡村也完全依附于中央。在中世纪，每座村庄的居民都曾组成有别于领主的集体。领主利用、监督和统治这种集体，但是，村庄共同占有某些财产，其产权属于村庄，他们选举自己的首领，通过民主方式自行管理。这种古老的教区制度，无论是在英国或是在德国，在所有经历过封建制度的国家和带有这类法律遗迹的国家的所有地区都可以找到。中世纪农村教区都脱离了领主的控制，被国家强力控制。

18世纪，法国教区官员的名称和数量因省而异。大部分教区里，官员分为两类：一类名为征税员；另一类名为理事。那些市政官员通常仍由选举产生，但是，他们实际上已变成国家的工具，而不是社区的代表。征税员按照总督的直接命令征收人头税。理事代表总督代理维持公共秩序或处理政府的一切事务。领主不再进行统治，但他在教区的存在和他的种种特权却起着妨碍作用，以致无法建立一个有效的教区管理机构。

直到大革命前，法国农村教区在其管理制度中，还保留着一点中世纪的民主特色，即全村会议，无论是谁都可以参加，都可以发表自己的意见。但是它和城市政府一样，无权按照自己的意愿行事，必须得到御前会议的许可。此外，中央政府最下层的代理人，即总督代理，逼迫他们百依百顺，否则就处以罚金或使他们蹲监狱。

托克维尔认为，在旧制度下，法国没有一个城市、乡镇、村庄、小村、济贫院、工场、修道院、学院能在自己的事务中拥有独立意志，能够按照自己的意愿处置自己的财产。政府把全体法国人置于管理监督之下。

在第四章中，托克维尔认为，行政法院和官员保证制度也是旧制度的体制。在欧洲，没有一个国家像法国那样，普通法庭独立于政府。由于国王无法左右法官的命运，不能撤换和调离，也不能用利禄和恐吓控制他们，所以国王感到这种独立性妨碍他的行动，因而创立特别法庭，这是国王专用的依附于他的法庭，即御前会议。这在其他欧洲国家是不曾有的。

政府所颁布的命令在执行过程中引起的争论和诉讼，均由国王下令转交总督和御前会议处理，御前会议便不断干预法院事务，从普通法庭手中夺走涉及政府的案件。这种例外逐渐地变成了普遍现象，虽然不是在法律上，而是在人们的心目中形成为国家的座右铭：凡是涉及公共利益或因解释法令引起的争讼，均不属普通法庭所辖范围，普通法庭只是宣判涉及私人利益的案子。从此以后，有关征税的大部分诉讼问题一律归总督和御前会议审理。有关车辆运输和公共车辆治安、大路路政、河流航运等所有事务亦归总督和御前会议处理；总之，只有行政法院才能理清涉及政府的所有讼案。后来竟形成了御前会议永远有权审理一切案件的惯例，无需说明理由。

法国近代的法学家认为，自大革命以来行政法已取得了巨大的进步。托克维尔在谈及这一进步时说道："一方面，旧制度下的司法权不断超出其权力的自然范围，另一方面，司法权从未全面履行其职权。如果对这两方面只知其一不知其二，那么，对事情的看法就是不全面的、错误的。法庭时而获准制定政府规章，这显然超出法庭所辖范围；时而又被禁止审理真正的诉讼，这等于被排除于自身权限之外。确实，我们已将司法权逐出行政领域，旧制度将它留在这个领域是非常不妥当的；但是与此同时，正如人们所见，政府不断介入司法的天然领域，而我们听之任之，其实权力的混乱在这两方面同样危险，甚至后者更危险，因为法庭干预政府只对案件有害，政府干预法庭则使人们堕落，使他们变得兼有革命性和奴性。"[1]

（1）托克维尔著：《旧制度与大革命》，冯棠译，94页。

在法国的宪法中,有一部宪法明文规定,任何政府官员,未经事先批准,不得交由普通法庭起诉。托克维尔认为,这不是1789年大革命的成果。在君主制下,政府和今天一样,千方百计不使政府官员处于尴尬境地,不像普通公民那样,在法庭上承认犯罪。两个时代之间,唯一的区别在于:大革命以前,政府依靠不合法和专横的手段来庇护政府官员,而大革命以来,政府让其官员合法地违反法律。

在第五章中,托克维尔阐述了"中央集权制是怎样进入旧政治权力机构并取而代之,而不予以摧毁"的观点。他说,由一个被置于王国中央的唯一实体管理全国政府;由一个大臣来领导几乎全部国内事务;在各省由一个官员来领导一切大小事务;没有一个附属行政机构,只有事先获准才能活动的部门;一些特别法庭审理与政府有关的案件并庇护所有政府官员。这些就是中央集权制。托克维尔指出了中央集权制是怎样在封建社会的废墟上建立的。在大革命爆发之际,法国在古老政府大厦的基础上建起另一座大厦。政府保留了那些旧政权机构的古老名称和荣誉,但一点一滴地减去了它的权力。政府利用某些人的懒惰和自私,占据其位；政府从不纠正旧政权机构的一切流弊，只是竭力取而代之。最后，政府以总督这唯一的政府代理人实际上取代了旧政权的几乎所有人员。随后，政府在司法方面抓住了权力的实质，将所有的案件和人重新控制起来。政府变得更加权大无限，占领了所有领域。民主革命扫荡了旧制度的众多体制，却巩固了中央集权制。

托克维尔在第六章中讲述了旧制度下的行政风尚。大臣急于洞察一切，亲自处理巴黎的所有事务。18世纪末，大臣们亲自监督漫无边际的细务，只有通过他们，事情才能办成，他们成了真正的掌权人。总监要求接到不仅对有关事务的报告，而且要接到对有关个人的详细情况的报告。他们为了做到身在巴黎而能领导一切和洞悉一切，发明了上千种的审查手段。书面报告和文件堆积如山，行政程序慢得惊人，无限期地拖延而误事。统计报表，并非今日才有，在旧制度末期，人们经常将印好的小型报表寄送总督，报表由总督代理和教区理事填写。总监要求呈递报告，详述土地特性、耕作、产品种类、牲畜头数、工业情况和居民习俗。托克维尔认为，与他那个时代相比，提供的情况同样详尽而不确切,连用语都那样没有文采。像今天的政府一样,分发慈善救济的条件是居民须做出一定的奉献。

行政官员几乎全是资产者,他们已经构成了一个阶级,有其独特的精神、传统、道德、荣誉感和自尊心。他们是新社会的贵族,生气勃勃,只待大革命为他们腾出位置。法国行政当局已经具有下述特点:资产阶级和新社会的贵族,即所有想绕过政府左右公共事务的人,他们对政府怀有强烈的仇恨。

18世纪政府对书籍很宽容,但对报纸非常苛刻,他们努力使报刊转而为政府专用。

法国政府对自己的任务是十分理解的,而且总表现出惊人的积极性,但它的积极性常常毫无结果,甚至反倒有害,因为他们不断颁布规定,新规则一个接一个地更替,使官员们由于身受上级控制,常常摸不清应该怎样顺从,执行哪项规定。有人曾经说,单单财政条例的变化就足以迫使一个长期从事这一政务的市府官员懈怠自己的事务,而去研究各种新规章。即使法律没有变更,执行法律的方法每天都在变动。那时既无政治议会,又无报纸,大臣及其官员的任意胡为、专横跋扈和变化无常均不受限制。国王敕令、宣言、诏书都经过庄严的登记注册，可是在执行过程中无不受到种种变更。政府不断允许人们援引例外，而不按照它自己的命令办事。他们很少破坏法律，但是，他们每天都在为办事方便而悄悄地将法律扭曲。尽管有确立税制的种种敕令、宣言和判决，却从未妨碍例外措施的执行。这就是旧制度的特点：条规强硬严峻，实行起来却软弱松散。在旧制度下，人们头脑里根本就没有法律概念。他们顺从当局是出于习惯而非出于意愿。

在18世纪，法国中央政权尚未具有它后来才有的健全有力的政体，但是，它已经摧毁了所有中间政权机构，在中央政府和个人之间已是空缺。在人们的眼中，中央政府已经成为公共生活中的唯一动力。政府既然取代了上帝，每个人出于个人的需要，自然要祈求政府的帮助，因此，诉讼数量浩繁。

中央集权制能如此轻易地在法国建立起来，正是旧制度的基础留在了这些摧毁者的心里，在此基础上它才能突然间重新崛起，且更牢固。

托克维尔在第七章中阐述了首都巴黎是怎样成为

法国的政治、经济中心的。他说，首都之所以比帝国其他部分更具政治优势，既非由于其地理位置，亦非由于其宏伟，更非由于其富庶，而是由于政府的性质。

16世纪、17世纪的巴黎只是法国一个最大的城市。到了1789年，巴黎已经成为法国的政治中心。对这一变化有人称之为暗中的革命。君主眼见巴黎在一天天扩大，感到十分震动，尤其在17世纪、18世纪，国王们颁布大量敕令，旨在阻止城市的壮大。他们严禁建筑新房屋。路易十四在全盛期曾经六次试图阻止巴黎的发展，但皆告失败：巴黎冲破种种障碍，不断壮大。而巴黎的重要地位比其城墙增长得还要快。

巴黎具有这种地位的原因是，巴黎的发展吸引了外省的显贵、商人和有才智之士。16世纪、17世纪时，外省有一些大印刷厂，但在18世纪时，这些大的印刷厂已经没有了，出版的各类书籍却比以前多得多，这些思想动力只来自中央，巴黎已吞噬了外省。在巴黎一切都在沸腾，每时每刻都有一本小册子问世，每周甚至发行92册。而巴黎以外，连报纸都没有。虽然外省的民众也群情激昂，公民们也有集会，但是，他们始终以巴黎为瞻。在大革命时期，制宪议会一举废除法国所有旧省份，建立起83个区域。这在欧洲其他地方是不曾有的事情。

巴黎不但在外部取得了至高无上的权力，而且，内部也完成了变革。巴黎不再只是交换、贸易、消费和娱乐的城市，巴黎已经成为工场和制造业的城市。

自中世纪起，巴黎已经是王国内最大、手艺最巧的城市。随着行政事务全部集中到巴黎，工业也集中到了这里。巴黎越来越成为时尚的典范和仲裁者，成为权力和艺术的中心，成为全国运动的主要发源地。法国革命前60年间，巴黎工人人数已增长两倍，而同期巴黎总人口仅增加三分之一。此外，巴黎当时对工业设置的财政立法障碍比其他地方少，易于逃脱行会师傅的制约，这也是巴黎的工业大发展的原因。

巴黎的工厂、制造业、高炉在大革命前夕大量增加，终于使国王警觉起来。他下令禁止在城市方圆15公里之内建造工厂。但是，巴黎已经变成法兰西的主人，并且已经汇集起一支新生力量的队伍，这支队伍将成为巴黎的主人。

托克维尔认为，法国大革命爆发之际，这第一场革命已全部完成。行政上的中央集权制和巴黎的至高无上的权力，是随后40年来所有政府垮台的重要原因。旧制度突然之间毁灭，很大一部分原因即在于此。

托克维尔在第八章和第九章中，分析了法国的贵族和资产阶级。他指出，若干世纪以来，法国贵族不断贫困化。尽管享有特权，贵族每天都在破产、消亡，第三等级却占有财富。虽然保护贵族财产的法律始终如一，贵族的经济地位亦未出现变化。但随着贵族权力的丧失，贵族本身以相应的比例陷于贫困。但是，法国贵族还享有种种替代继承权利，如长子继承权、永久地租、免税权等。此外，他们在失去职务时保住了补贴。然而，随着治理的习惯与精神的丧失，他们仍逐渐贫困化。主要原因是，贵族将土地一块一块地出卖给农民，只保留领主的定期租金，定期租金使贵族能维持其表面的门面。在法国的许多省，他们差不多不再拥有土地，只是靠领主权和地租维持生活。贵族贫困化现象不仅在法国而且在欧洲大陆或多或少都可以见到。

在法国平民能够继承贵族失去的所有财产。没有任何法律阻止资产者破产，也没有任何法律帮助资产者致富，可是资产者却不断发财。在很多情况下，他们变得与贵族一样富有，有时比贵族还要阔气。尽管他们平时居住在城里，他们常常是田地的所有者，有时甚至还有领地。

托克维尔在谈到资产者贵族化时说，教育和生活方式已经使贵族和资产者具有无数相似之处。他们具有同样多的知识，资产者的知识和贵族的都是同一个来源。教育同样都是理论性与文学性的，巴黎越来越成为法兰西的唯一导师，它赋予一切人以同样的行为举止。18世纪末，人们还可以看到贵族和资产者在举止和行为上有所不同，因为这种表面的风尚还需时日才能变得一致。但实际上所有高居人民之上的人都彼此模仿，他们具有同样的思想，同样的习惯，同样的嗜好，从事同样的娱乐，阅读同一类书籍，讲同一类语言，他们除权利之外，别无差异。

托克维尔指出，这些彼此如此相似的人比其他国家的人更相互孤立。早在中世纪，贵族并非种姓，是由国家中的所有首领构成。后来演变成种姓，其特殊标志是出身。他们将掌权阶级的固有特征保留下来，他们是进行统治的公民团体。唯有出身能够决定谁是团体的首领。其他非贵族阶级都被排除在这个特殊的封闭的阶级之外。而英国则不同,英国是真正将种姓制度摧毁并改头换面的唯一国家。在法国贵族一词始终局限于它的原始含义的狭窄范围内。大革命时,这一词汇几乎无人使用,但是词义仍然没有改变,仍指该种姓的成员。

如果说贵族和资产者更加相似,那么同时他们彼此更加隔离,这两方面不能混在一起。资产者和贵族曾经有着更多的共同利益,更多共同事务,他们表现出轻微的相互仇恨,虽然他们属于两个不同的种姓。14世纪的资产者已作为一个整体,在当时的政治社会中,占据较有保障、较高的地位。资产阶级分享政府的权力是无可争辩的,他们在议会中起的作用始终是重要的。其他阶级每天都感到需要重视资产阶级。贵族和第三等级当时共同管理事务,共同进行抵抗。在14世纪的三级会议中,在省的三级会议里也是如此。三个等级共同制定出最重要的措施,并由三个等级中均等选出的特派员监督实施。14世纪初,在许多城市,贵族和资产者为了保卫国民自由和各省特权,反对王权的侵害而联合起来。随着领地统治的瓦解,三级会议越来越少召开甚至停止,普遍自由权利最后死亡,地方自由随之毁灭，资产者与贵族在公共事务中再也没有联系。他们再也感觉不到有彼此接近的必要，以及和衷共济的需要。18世纪，这两个阶级不仅成为竞争对手，而且成为了敌人。

法国的特点就是，在贵族等级失去政治权力的同时，贵族作为个人却获得了许多从未有过的特权或增加了他已经享有的特权。这些特权一旦取得，便世袭相传。这个贵族阶级越不掌权，就越成为种姓阶级。这类特权中最令人厌恶的特权就是免税特权。免税特权一直在不断增长。当军役税成为平民包交的税种时，贵族免税的益处不大明显，当这种捐税以各种名目、各种形式成倍增加的时候，当各种负担都添加到军役税和它的附加税中时，贵族的免税量就显得庞大起来。捐税不平等危害最大，最易在人和阶级之间造成矛盾，在不平等之外再制造孤立。可以说，每年的捐税摊派、征收都重新在他们中间划出一条明确的阶级界限。公共事务几乎没有一项不产生于捐税，或导致捐税。因此，自从这两个阶级不再平等地缴纳捐税之后，他们便几乎再没有任何理由在一起商议问题。而英国则不同，中产阶级密切地与贵族联合在一起，所有接近贵族的人都自以为是贵族的一部分，都能与贵族政府相结合。

资产阶级同人民也是相互分离的，几乎同贵族与资产者相分离一样。在旧制度下，中产阶级几乎都住在城里，导致这一后果的原因有两个：贵族特权和军役税。因为居住在城市的资产者都有办法减轻军役税和其附加税的压力，并常常可以免交军役税。他们通过跑到城里居住而逃脱军役税。富裕的平民在城垣之地蛰居下来，不久便失去了对田地的嗜好，他们此后的目标只有一个，那就是在他们居住的城市成为政府官员，因为当时的政府鬻卖职位。旧制度下的职位很多，仅1693年至1709年，所设职位就达4万之多。在一个中等规模的外省城市，1750年担任法官职务的竟达109人。资产者痴迷于担任这些职务，一旦他们手中拥有一小笔资产，他们便立即购买职位。这种心理对法国农业和商业发展危害很大。每个人都想从国王那里谋得一官半职，而不是投资农业和商业，这就使资产者脱离了人民。人民对此也充满了嫉恨。资产者由于担任官职而免去了税收，这些负担都摊派到人民的头上。可以说资产阶级中的免税者比贵族中的免税者还要多。有时，国家因免税者人数众多，而国家的收入减少，所以不得不削减职位。

托克维尔在第十章中认为，在14世纪，法国有一句不成文的法律，"无纳税人的同意，不得征税"。在中世纪，国王一般都靠领地的收入生活，他的特殊需要靠特殊捐税来提供，因此就由教士、贵族和人民共同负担。14世纪，征收捐税根据的不是财产，而是收入。贵族、教士和资产者必须在一年内缴纳全部收入的一定比例。这是三级会议决定的。随着时间的推移，国王便不经纳税人同意确定普遍税收。国王为了增加税收，而又不激怒与王权敌对的贵族阶级，所以选择了军役税，因为贵族无偿服兵役的义务使贵族免交军役税。从那时开始，国库的需求随着中央政权权限的增长而增长，军役税也随之扩大和多样化。贵族因为享有免税权而听凭国王向第三等级征税。托克维尔认为，从那时开始便种下了几乎全部弊病与祸害的根苗。这样捐税的不平等每年都使各阶级分离，使人们彼此对立。

摊派如此不均的捐税收益有限，而君王们的需求无限，他们放弃了一贯的做法：召开三级会议以谋取补贴，也不愿向贵族征税，怕挑动贵族要求召开三级会议。君主们便出售王家财产，旋即又收回，契约遭到破坏，已经取得的权利无人承认，国家不断失信于民。他们买卖官爵，有偿赐予各种终身特权。在整个17世纪、18世纪，资产者们被迫一次次购买空洞的荣誉和特权。路易十四就曾取消了92年来人们取得的全部贵族头衔，其中大部分还是他亲自授予的。要想保住头衔唯有重新掏钱。之后，路易十五也如法炮制。国家财政越拮据，新设职位就越多。由此，一个如此庞大、如此难以运转、如此不起作用的行政机器就这样建立起来。后来连行会和行会管事会也成为一种特权，国家因此建立起对技术进步的垄断权。正如法官勒特罗纳在1775年说的："国家创造工业集团只是为了找财源，或是靠出卖特许证赚钱，或是靠设置各种新官职赚钱，国家强迫各集团购买新官职。1673年敕令将亨利三世各项原则的恶果列举出来，勒令所有集团掏钱购取批准证书，强迫所有尚未纳入集团的手工业者加入。这事虽然卑鄙，却赚得30万里佛。"[1]

　　整个城市体制就这样被搞乱了。卖官鬻爵制度搅

（1）　托克维尔著：《旧制度与大革命》，冯棠译，142页。

乱了人心。几个世纪以来,为数不多的几次三级会议一直在反对这些做法,指责国王窃取了未经三个等级同意和商议而以人民的血汗自肥的权力;多次要求废弃行会管事会制度;人们一个世纪又一个世纪猛烈攻击不断增长的卖官鬻爵制,但总是无济于事。此外,国王为了逃避三级会议的监督,于是把大部分政治职能转到了高等法院手中,造成司法权的混乱。正是这种阻止国民索还自由、只向国民索要钱财的奢望不断促使各阶级彼此分离,致使他们单枪匹马地对付政府的权威。几个世纪间,人们形同路人或仇敌,要使他们互相接近并教育他们共同行使他们自己的事务,是一件十分困难的事情。阶级的分裂,成为后来国王专制的托词。

第十一章论述了自由对大革命的影响。托克维尔指出,表面看来,公民们四分五裂,闭关自守,王权四处扩展,强大有力,好像法国人已经百依百顺。实际并非如此。政府虽然独断专行地指挥一切公共事务,但它远远没有成为所有个人的主宰。

当中央政府取代所有地方政权,日益充斥整个行政机构时,它原先一手创立的规章制度,古老习俗风尚都在妨碍它的行动，众多人的灵魂深处仍然保持着反抗精神。政府为了千方百计捞钱，出售了大部分官职，因而自己也就失掉了任意封官免职的权力。它的贪婪和它的权欲相抗衡。而大量臣民仍然保持着独立精神，他们坚决反对滥施权力。

贵族们极端藐视行政当局，尽管有时也有求于它。他们始终保持着先辈的骄傲，即仇视奴役，又仇视法规。他们对政府强加于公民的控制心安理得，但是他们绝不能容忍政府的控制落在自己的头上。所以他们在大革命开始的时候，这个行将与王权一起灭亡的贵族阶级，面对国王，他们的态度比第三等级还激烈，他们要求恢复他们原来拥有的反对滥用权力的保障。

教士们自中世纪以来，在世俗事务中常常俯首帖耳，屈从于君王，对君王阿谀奉承。在当时，他们是国民中最有独立性的团体，唯有他们拥有特殊自由。法国教会一直到最后还保留着定期会议。在其内部，教权本身受到种种限制，但是并未使教士的心灵接受政治奴役。他们在世俗政权面前具有独立精神。在政治上他们最自然的状态就是漠不关心，只要教会自由昌盛，其他无关宏旨。他们同第三等级或贵族一样，仇视专制制度，支持公民自由，热爱政治自由，他们宣布个人自由应受保护。资产阶级在当时政府中则已经占据了不少职位，由于这些职位多为政府不能授予也不能夺走的职位，他们的重要性增强，使他们不再受政府任意摆布，更表现出独立精神。他们仍然与人民大众分离，而且他们中也分成一些小团体。尽管如此，他们仍然要捍卫共同的尊严和共同的特权。

当时，能够代表被压迫者的呼声的是司法机构。法国虽然因其政治与行政制度已经成为一个专制政府的国家，但是法国人民仍然是自由的人民，因为司法制度是独立的。司法机关从不存在对政权的屈从，司法机关也没有卖官鬻爵的现象。法官实行终身制，不求升迁。王权确实已从普通法庭手中窃得几乎所有涉及当局的诉讼审理权，但是永远不敢阻止法庭听取控诉和陈述意见。法院经常正规地干预政府，使行政事务无法正常进行。他们在王权面前表现得顽强不屈。司法习惯在许多方面变成了民族习惯。人们从法庭的行为上普遍接受了这一思想，即一切事务都可以辩论，一切决定均可以复议。这是旧制度留给人民的唯一遗产。无论什么事情，人们都要进行公共的讨论，经过辩论之后才能做出决定。这些习惯更是君主专制的障碍。

18世纪的人没有那种培育奴性的对安逸的贪求。他们热爱家庭，崇尚风化，尊重宗教信仰，放荡不羁，感情和思想杂乱无章。但是对权贵从不屈从，始终保持着非常自由的精神。在中央集权制日益使一切性格都变得一致、柔顺的时代，正是自由在大批人的心目中留存的时代。正是这些人使法国大革命成为千秋万代既敬仰又恐惧的对象。

第十二章阐述了法国农民的处境。托克维尔认为，18世纪，法国农民已经不再受封建小恶霸的凌辱，政府对他们很少实行强暴行为，他们享受着公民的自由，拥有部分土地。但是所有阶级都离弃他们，他们处境孤单。从17世纪开始，贵族就开始离开农村。这里讲的贵族主要指各地富有的地产主。到18世纪，贵族逃离农村的现象十分普遍。从国家征收的人头税上就可以看出这一点，人头税实际上是在住所征收的，所有贵族和部分中等贵族的人头税都在巴黎征收。农村里只剩下家道小康、无力脱身的贵族。他们已不是农民的首领，就不像昔日那样关注农民。他们既不承担公共捐税，也不分担农民的痛苦，他们与农民毫无关系，对农民漠不关心。他们常常负债累累，在城堡里过着穷困潦倒的生活，极端吝啬，心里只是盘算攒钱，以便过冬时到城里挥霍。

人们常常把贵族离弃农村归因于大臣或国王，的确，君主制的最后三个世纪中，贵族被吸引到宫廷，进入仕途。但托克维尔认为，其主要原因则是各种制度的缓慢而不断的运动。随着贵族彻底失去政治权利和地方自由的消失，贵族迁移增多，他们已经无心留在农村，田园生活已经没有吸引力。资产者也千方百计在城市寻找栖身之处。种田人一旦靠勤勉挣到一点钱，便立即让他的子孙抛开犁锄进城，以便买到一官半职。这种心理一直影响至今。真正一直住在农村，与农村保持一定联系的是本堂神甫。而本堂神甫更关心的却是政治权力。

就这样，农民与上层阶级完全隔离，好像被人从整个国民中淘汰出来。18世纪的村庄，是一个共同体，一切成员都贫苦、蒙昧、粗野；村里的行政官也同样一文不识；村子里的理事、收税人也不识文墨。昔日的领主认为介入村庄的治理有损身份，制定军役税、征集自卫队、决定徭役是卑下的行当。只有中央政府才关心农村，但只是为了捞取油水。

封建制度压在农民身上的种种沉重的负担已经减轻或消失，但是另一种负担更加沉重，这就是军役税。两个世纪以来，军役税一直由农民承担，而且增加了十倍。军役税在摊派上是随意的，而且每年根据纳税人的财产状况的变动而变化。在教区内每年随便任命一人为收税人，他决定每人捐税的份额。他必须花一半的时间了解纳税人的财产状况。许多人在任期内不久自己破产，而且大家也跟着破产。

军役税最初是用来供国王购买士兵，以免除贵族及其附庸军役的。但是到17世纪，军役的义务又纳入自卫队名义下。这种税几乎完全落在了农民头上。农民为了逃避差役，常常逃避到林莽中。令他们心神不定的并非这种税收，而是执行人的朝令夕改，即使抽到免征税收的签也无济于事。他们还禁止找人替换。此类倒霉的差事只落在最穷苦的无地位的人身上。

此外，劳役也由农民负担。直到路易十四时期，交通要道无人维护，国家和沿途的所有领主都不闻不问。因此道路维护就单纯依靠劳役，农民又单独承担了这项义务。而商业增长，对良好道路的需求增加，徭役负担便加重。农民为此怨声载道。社会的进步使所有阶级都富裕起来，唯独农民苦不堪言。1776年，政府又决定将徭役改成地方税，徭役变为新税种之后，更加剧了不平等。最初，徭役只是用于维修王家道路，后来竟用来修建军营，押送犯人，甚至，在军队换防时，也要他们搬迁军队用具。托克维尔由此感叹农民道，身处工艺奇迹倍出的时代，他们却毫无技艺；置身光辉灿烂的知识世界，他们却尚未开化；他们身上保留着他们种姓特有的智慧和敏锐，但并未学会如何使用；他们甚至连种地都不能种好。农民只能生活在孤立穷苦的深渊中。

法国贵族坚持要和其他阶级有所区别，他们终生免缴大部分公共捐税。他们认为免除这些负担，就保住了尊严。没过多久，他们豁免的负担越多，家境反而越贫困。相反，他们如此惧怕与之为伍的资产阶级，却日益富裕起来，有了教养。资产阶级并不维系在贵族身边，他们不但不需要贵族，反而反对他们。贵族既不愿意把资产阶级当作同胞，又不愿意把他们当作合伙人。资产阶级不久便成为了他们的竞争对手，后来成了敌人，最终成为他们的主人。当贵族握着金钱特权和荣誉特权继续往前走时，贵族却已是孤家寡人，谁也不再服从他们。

贵族和资产阶级有一点是相同的，就是最终都脱离了人民。资产者根本不接近农民，所以也无法同农民一起对普遍的不平等进行斗争。他们只试图为一己的利益创立新的不公正；贵族则拼命维护特权。资产者同样拼命谋取特殊权利。只是当资产阶级把武器交给农民时，他才无意中发现民众的激情已经被唤起，对此他既无力控制，也无力领导。他们由鼓动者变成了牺牲品。

资产者与贵族彼此完全孤立，农民与贵族、资产者也相互隔离，而各阶级内部同样出现彼此没有任何联系的小团体，这时，人们再也组织不起什么力量来约束政府了。最后社会根基一旦动摇，君主大厦必将顷刻坍塌。

第三编

在这一编的第一章论述了法国的文人是怎样成为国家的首要政治家的。托克维尔这里讲的文人主要指，大革命之前的哲学家、文学家等。他认为，法国与其他欧洲国家不同，法国的文人不像英国文人从不卷入日常政治；也不像德国文人完全不过问政治，只埋头研究哲学和文学。法国文人十分关心同政府有关的各种问题，他们终日谈论社会起源和社会原始形式问题，谈论公民的原始权利和政府的原始权利；人与人之间自然的、人为的相互关系；习俗的错误或习俗的合法性；法律的诸原则。他们每天都在深入探索，严格考察政治体制的结构和基础。托克维尔称这些文人为文学政治家。他认为，虽然他们并没有形成统一的政治理论，但是这些文学政治已经渗透到当时所有的著作、诗歌及各类文学作品中。他们在最普遍的观念上是一致的：应该用最简单的、从理性和自然法中吸取的法则来取代统治当代社会的复杂的传统习惯。这也就是所谓的18世纪政治哲学。

托克维尔指出，这一思想并不新鲜，3000年来一直存在，但从未渗透到大众的心里。当时之所以成为闲者聊天的话题，妇女和农民对此都十分有兴趣，是由当时的社会条件和文人的处境造成的。

18世纪的哲学家们的思想观念与那个时代格格不

入。那时特权泛滥，人们越来越感到负担沉重，越来越认为特权没有存在的理由。于是哲学家的头脑中便出现了"人的社会地位天生平等"的思想。他们看到往昔沿袭下来的制度已经丧失效力，不能适应新的需要，自然而然地趋向于以理性为唯一依据，勾画出崭新的蓝图以重建当代社会。他们个人的处境使他们盲目地对政府问题加以评论和抨击。他们的生活远远脱离实际，根本没有政治自由，对政界知之甚少，连那种肤浅的认识或教育也没有，所以他们更加敢于创新，更加相信个人的理性。

民众也由于愚昧，对他们言听计从，衷心拥戴。因为每个法国人每天都在他们的财产、人身、福利或自尊方面受到某种旧法律、某种旧政治惯例、某些旧权力残余的破坏，而找不到医治的良方。于是所有身受日常立法妨碍的人很快便爱上了这种文学政治。凡是受到不平等的军役税损害的纳税人，无不为人人均应平等的思想而感到振奋；遭贵族欺辱的小所有者，听说一切特权都应受理性的谴责，他们无不为之雀跃。政治生活被注入到文学作品之中，作家因此控制了舆论的导向，一时间占据了政党领袖占有的位置。

贵族阶级在其盛期不仅管理事务，而且操纵舆论导向。18世纪法国贵族完全丧失了统治权，他们的信誉随着权力的丧失而消失，精神领域出现了真空，文人便可以在那里大显身手。奇怪的是，贵族却支持作家的事业。理论一旦得到普遍的承认，贵族也就把水火不相容的种种学说视为精神娱乐。他们一边稳稳当当地坐享豁免权和特权，一边平心静气地论述习俗的荒谬。

旧制度的统治者也茫然地分不清敌我。路易十六在葬身于民主洪流中的片刻，仍将贵族视为王权的首要敌手；相反，在他的眼中资产阶级和人民是王室最可靠的支持者。托克维尔在查阅了1789年三级会议召开前，贵族等级、教士等级和第三等级的陈情书后，竟然惊奇地发现，三个等级所要求的都是同时而系统地废除所有现行的法律和惯例。他们还以为，可以借助理性，靠理性的效力，对陈旧的社会进行全面的改革。他们的这种表现是因为，他们长期被排除在一切公共生活之外，缺乏政治经验。而那些领导国家的大臣、行政官、总督们也没有洞悉到这是一场什么样的斗争。

法兰西民族对自身事务极为生疏，没有经验，对国家制度无力加以改革。在法国，政界仿佛始终划分成两个互不往来、彼此分离的部分，一部分人治国理民，一部分人则制定抽象原则。宣扬普遍法规的人，从不考虑如何实施。因此，一些人负责管理事务，另一些人则负责指导思想。现实社会结构混乱，法律五花八门，等级森严，税负沉重，民众沉湎于虚幻的社会中。因此法国作家成为了革命的首要力量。

托克维尔认为，美国革命对法国革命很有影响，但是美国革命对法国革命的影响远不如法国思想对法国革命的影响深刻。美国革命在欧洲令人振奋，使法国人信服，因为美国人仿佛是在贯彻实行法国作家的设想，他们赋予法国人头脑中的梦想以现实的内容。

对人民的政治教育是由法国作家完成的，这就决定了法国革命本身的特征。作家们不仅向进行革命的人们提供思想，还把自己的情绪气质赋予了人民。大革命正是本着卷帙浩繁的评论治国的著作的精神展开的，本着作家们的理性理论，本着对完整的立法体系及法律的同一爱好，对现存事务的同样蔑视，是遵照逻辑法则进行的，连政治语言也是从作家们那里学来的，语言中充满了抽象的概念和空洞的词汇。

第二章论述了18世纪法国人不信仰宗教的倾向。托克维尔认为，这种倾向对大革命产生了重要影响。自16世纪以来，一些具有探讨精神的人怀疑和抛弃了一切基督教传统。这种精神在德国路德宗教改革时期使数百万教徒同时脱离了天主教，出现了不信宗教的潮流。18世纪，基督教在整个欧洲失去了大部分势力，但并未遭到猛烈攻击。非宗教意识在君王和才学之士中影响广泛。在法国大革命之前，法国的非宗教意识已经成为一种普遍而强烈的不宽容的激情。人们怀着一股怒火攻击基督教，并非试图用另一种宗教取而代之，而是试图把曾经充斥灵魂的信仰扫除掉，使思想空空荡荡。

人们藐视宗教，并非因为法国教会比其他欧洲国家的教会更罪大恶极，而是社会问题使然。政府的种种罪恶诱发的反对精神，旨在推翻国家的全部政治制度。而教会在一些方面阻碍了这场政治革命的酝酿和爆发。首先教会用于治理本会的各项原则阻挡了作家们改革政府机构的措施的实施。教会主要依靠传统，作家轻视建立在尊重传统之上的一切原则；教会推崇高于个人理性的权威,作家只信赖个人理性;教会建立在等级制基础上,作家欲把各个等级融为一体。所以作家们要改变社会制度,就必须摧毁教会,因为教会制度乃是旧国家制度的根基。

此外,教会是当时主要政治权力的代表,最令人厌恶。教会谴责罪恶,但它使政治权力中的罪恶神圣化,教会利用它的神圣不可侵犯性来掩盖罪恶。因此攻击教会令民情激奋。

作家们攻击教会是因为教会是他们的死对头。教会专门负责监视思想动向,查禁作品,与他们作对。作家们在反对教会,捍卫人类的普遍自由时,也为他们自己的事业而斗争,这场斗争是从打碎束缚他们的羁绊开始的。另外,教会是他们攻击的整个庞大建筑物中最暴露、最无防御力的部分。君主与教会在长期争斗过程中,达成一项协议:君主给予教会物质力量的支持,教会向君主提供精神食粮。君主令臣民信守教规,教会使信徒服从君主的意志。这与作家们建立在理性基础上的思想是格格不入的。法国国王对教会的庇护缺乏力度,只是不允许动武,而对舆论的攻击谩骂无动于衷。

非宗教思想首先在那些最有切身利益、最迫切要求维护国家秩序和使人民顺从的人们的思想中确立。在大革命时期，那些否定基督教的人声嘶力竭，而仍然信仰宗教的人默不作声，大多数人唯恐成为保留旧信仰的人，唯恐成为唯一对宗教忠诚的人，他们便随声附和。而当时反对教会只不过是一部分人的情感，可是后来似乎成了全体国民的意愿。

托克维尔说，18世纪末，所有宗教威信扫地。与其说非宗教运动使人心堕落或风尚败坏，不如说使人精神失常，以致采取如此奇特的极端行为。但是，进行大革命的人有他们自己的信仰，即他们相信他们自己，相信人类的完美，热衷于人类的光荣，他们的使命就是改造社会，使人类获得新生。他们的这些情感和热情已经变成了一种新宗教：使人们摆脱个人利己主义，崇尚英雄主义和忠诚，胸襟开阔。

在过去的历史上，攻击教会的革命者从未试图一举变革所有政权的性质和秩序，彻底废除旧的政治体制，而法国大革命不仅废除了宗教法规，同时也推翻了民事法律和一切旧制度，人类精神完全改变。

托克维尔认为，任何宗教都可以被抛弃，但是信仰不可少，否则人类的精神会失去常态，时间也证明了这一点。随着时间的推移，法国重新恢复了对教会的尊重，1789年以前最反对教会的旧贵族阶级，1793年以后变成了最虔诚的阶级；当资产阶级在胜利中感到受到打击时，他们也向宗教靠拢；对教权的尊奉又深入到非宗教信仰的人们中。随着革命恐怖的出现，非宗教思潮悄悄地消失了。

在第三章中，托克维尔认为，法国人曾一度更注重改革，而不是公共自由。这是由经济学派的宣传造成的。

临近18世纪中叶，出现了若干专门论述公共行政问题的专家，人们称之为经济学派或重农学派。他们对法国革命的影响虽然不如哲学家那么大，但是他们的著作反映着大革命的真正本质，大革命后来废除的一切制度都是他们攻击的特定目标。在治理国家问题上，大革命创造的每一种制度，都是他们预先设计并热心鼓吹的。在他们的著作中也反映出他们的革命民主气质。他们憎恨特权，厌恶等级制，热爱平等，不大尊重契约，毫不尊重私人权利。他们要求废除任何古老的、在法国历史上牢牢扎根的制度。他们早就具有改革行政机构的思想，却丝毫没有考虑政治自由的问题。他们是一些温和、善良、正直的法官和行政官。

经济学派认为，多少世纪以来，国家一直被错误原则统治着。从这一思想出发，他们投入了工作。凡是妨碍他们的计划实施的制度，他们便要求一律废除。他们非常赞成食品自由贸易，赞成工商业中自由放任政策。他们对于政治自由毫不感兴趣。他们主张使每个人的权利服从于全体意志。在经济学派看来，依靠旧制度来实现他们想象的革命，是行不通的。他们想依靠的是王室政府，指望王室政府改革当时社会。

托克维尔认为，经济学派对付政府滥用权力的唯一办法就是公共教育。他们说，如果国民有教养，专制制度便不可能存在。按照经济学派的观点，国家不仅要向国民进行宣传，而且要以某种方式培养公民；国家的义务是用某些必要的思想充实公民的头脑，灌输情感，使他们彻底转变。当人们被引入"歧途"时，他们一心向往自治；而这种对独立的热爱根源于专制制度，他们痛恨的是专制的束缚。

临近1750年，全体法国国民对政治自由的要求已经是那么迫切，他们对政治自由的兴趣以至观念已经淡漠，他们盼望的是改革，甚至是权利。20年后，政治自由的思想才又出现在法国人的精神领域。法国人不再要求政府进行改良，他们开始要进行革命。新潮流就这样席卷了经济学派。托克维尔认为，经过大革命之后，人们似乎并没有得到他们所期望的政治自由，他们的思想又回到了1750年经济学派的主张上。

托克维尔在第四章中指出，路易十六时期是旧君主制比较繁荣的时期。繁荣之所以加速了大革命的到来，是因为人们更加敏感，更加不能忍受各种制约。

他认为，当路易十四在全欧洲称霸之际，他统治下的王国开始衰败。大革命开始前三四十年左右，经济情况开始变化。首先被统治者和统治者精神上发生了很大变化。每个人都在努力改变自己的处境。1780年的总督和总监不同于以往，他们开始关心增加公共财富的问题，农业、道路、运河、制造业、商业都在他们计划之内。对穷人，税务部门极少实施强征暴敛，免税更加频繁。国王不断增加救济资金，以便在农村建立慈善工场或救济贫民。人口在增加，财富增长得更快。虽然还有许多弊病，比如赋税不平等，习惯法五花八门，国内关卡林立，封建权利和行会管事会的束缚等等，但法兰西开始富裕和全面发展起来。

经济的繁荣使得人们在精神上更加不稳定，更加惶惑不安，公众不满在加剧，对一切旧规章制度的仇恨在增长。法国人的处境越好越觉得无法忍受各种束缚。因为工业的振兴，在更加广大的人们心中萌发起对财产的热爱、对富裕的爱好与要求，但是旧制度的弊端严重，政府通过税收、公债等侵占了他们的财富，阻碍了个人发财的道路。托克维尔总结说，当一个民族的发财欲望每日每时都在膨胀时，它的政府不断刺激这种热情的增长，同时又不断从中作梗，怎么能避免这个民族的革命呢！这就是当时的法国的写照。

托克维尔在第五章中认为，法国人民起来革命，在某种程度上说，是由政府官员激怒的。由于不同行政权力之间存在的斗争，双方都把人民苦难的责任推给对方；他们互相揭发政府机构骇人听闻的种种罪恶；用激奋的词汇来描绘人民的苦难和报酬低廉的劳动；他们揭露出使农民遭殃的主要流弊，谴责那些危害农民的财政法规；谴责军役税使人民蒙受的苦难。有的报告指出："间接税可恨，没有哪一家，包税员没有来搜查过；没有任何东西在他的手下和眼中是不可侵犯的。注册税繁重,军役税收税员是个暴君,他贪婪,欺压穷人,无所不用其极。执达员也不比他强;没有一个老实的庄稼人能躲过他们的暴行。征税员为使自己免遭这些恶霸的吞噬,不得不伤害其邻人。"[1]但是,他们的鼓动里不仅有对人们的处境的描述,而且加进了对人民的侮辱和轻视,他们称农民是无知粗野的人,好闹事、不顺从的家伙。他们试图用这种方法来解救人民,结果激怒了人民。18世纪,正是有教养阶级的信仰和慷慨的"同情"感动了民众,使他们投身革命。他们的热情终于点燃了民众的怒火,人民怀着满腔愤怒和要改变命运的激情行动起来。

在第六章中,托克维尔叙述了政府的行为是如何完成向人民"进行革命教育"的。他指出,政府早就开始向人民的头脑中灌输革命思想,这些革命思想敌视个人,与个人权利对立,崇尚暴力。国王第一个向人民表明,人们可以用轻蔑的态度对待根深蒂固的古老制度。路易十五通过他的革新、他的罪恶、他的怠惰动摇了君主制,加速了大革命的到来。当人们看到

---

[1] 托克维尔著:《旧制度与大革命》,冯棠译,220页。

迄今不可动摇的高等法院都土崩瓦解的时候，他们就模糊地意识到，暴力和冒险时代临近，没有什么事物不能改变，没有什么新事物不能尝试。

路易十六统治时期，他一直都在谈论改革，他也察觉到大多数制度已经过时，他曾亲自主持改革。但是由于他缺乏魄力和勇气，又没有坚持到底的决心，因此，他有时心血来潮，未经充分准备就突然改变了古老的习惯，而新的规章制度时时不能出台，结果造成混乱。人民从中得到了启发。

关于私有财产，路易十四在敕令中就否定过私有财产，王国所有土地原本均依国家的需要被特许出让，国家才是真正的所有者，而其他人只有使用权，是不完全的占有者。在此之后历代都告诉人民对私有财产应持轻蔑态度。18世纪下半叶政府为修筑道路，大量侵占了私人的土地和房屋，政府对此没有分文的表示。所有者从切身利益中懂得，当公共利益要求人们破坏个人权利时，个人利益必须牺牲。而且这一理论后来被应用于他人，以便为自己牟利。

旧制度弊端同样深深影响着人们。征集制、食品强制出售、最高限价，这些是旧制度下有先例的政府措施，后来在大革命中都用上了。刑事法庭对人民的教育最大。穷人和政府官员打官司，只有找特别法庭，而且永远都是败诉。私闯民宅，不需任何凭证便逮捕被告，长期监禁被告而不送审。刑罚更是骇人听闻。这些违法现象屡屡发生。而革命政府使用的大量诉讼程序，在君主所采取的针对下层人民的措施里，均可找到先例和榜样。旧制度一直在开办这类学校，始终给予下层阶级这种教育，因此，托克维尔认为，旧制度给大革命提供了许多先例，大革命只不过加进了它的独特内容。

在第七章中，托克维尔认为，大革命前行政体制的改革引发了政治革命的爆发。在革命前，政府形式尚未改变，规定个人地位和政府事务的那些附属法律却已经废除或修改。行会理事会的破坏和部分的恢复深刻地改变了工人和顾主的旧关系；国家监护尚不完善，手工业者在政府和老板之间，处于一种不明确的地位。整个城市下层阶级处于骤然间的无政府状态。

大革命前一年，国王关于司法改革的敕令在司法秩序的各个部门造成混乱；若干新的法庭设立，其他法庭大批废除；法律秩序的混乱打乱了千家万户的处境和财产。

1787年政府的彻底改革在公共事务中引起的混乱尤其严重，它触及每个公民，甚至他们的私生活。在各个财政区，整个财政区政府都交托给一个人，即总督，他的所作所为不但不受限制，而且可以独断专行。总督身边设置了省议会，总督成为真正的地方行政官员。每个村子选举产生的镇政府同样取代了旧教区议会和行会理事会。新立法不仅彻底改变了事务的秩序，而且彻底改变了人们的相互地位，毫不考虑以前的惯例和各省的特殊情况。1787年后，省议会取得了自治权，它在中央政府的权力之下，负责制定军役税和监督征收军役税；决定公共工程的实施，统辖公路和桥梁工程局全体官员。村社的监护完全交与省议会；绝大多数诉讼案件的初审必须由议会来审理，以前只归总督管理。

省议会从一诞生，就同总督暗中相互争斗。有的总督老谋深算，使继任者手足无措。也有一些新政府由于过分活跃和自信，企图一举改变所有的旧方法，匡正积年沉疴，结果却弄得一团糟。在村庄里，各阶级都对立起来。居民划分成不同的集团，常常互相敌对。

没有一项规章制度不被中央政府宣布废除或即将修改的。这场在法国先于政治革命而进行的行政规则和习俗的大规模改革，是历史上从未有过的大动荡之一。既然国家的各个部分都失去了平稳，大革命的最后一击便使它彻底动摇起来，造成了前所未有的大动荡和混乱。

自大革命以来，人们改变了君主的身份或中央政权的性质，但日常事务仍在继续，每个人继续做自己的事情，遵循他所熟悉的准则和惯例；他们仍然依赖一直与之交往的次级政府，仍与同一些官员打交道；同样的职务由同样的行政官员担任，每次革命换掉的只是政府的首脑。其他的官员们先是以国王的名义，随后以共和国的名义，最后以皇帝的名义办理公务，命运就是这样周而复始，永远是同一些人，永远用同一方式，其主子叫什么名字并不重要。

托克维尔在第八章中对第三编的内容进行了总结，并论述了大革命是如何在旧制度中产生的。

他说，法国的封建制度丢掉了能对封建制度起保护作用的一切。贵族在丧失其古老的政治权利后，贵族成员在税收上的豁免权和利益不但保留下来而且还大大加强了；他们在变成一个从属阶级的同时，仍旧是一个享受特权的阶级；他们的特权越来越令人厌恶，致使在法国人心中唤起民主的欲望。贵族阶级不但把中产阶级排除在外，而且脱离人民，对人民漠不关心，他们成为孤家寡人。因此贵族在存在千年之后，一夜之间就被推翻了。

国王政府已经在法国四分之三的地区取代了所有地方政权，而将一切事务系于一身；巴黎已经成为国家的主宰，简直可以说它就是整个国家。这两个事实足以解释为什么一次骚乱就能彻底摧毁君主制。

法国很久以来政治生活完全消失，个人完全丧失了处理事物的能力、审时度势的习惯和运动的经验。大革命不是由某些具体事件引起的，而是由抽象原则和非常普遍的理论引导的。

由于没有自由，因而没有政治阶级，也就没有政治团体和组织，所以哲学家就成为了公众舆论的导向者。他们设想的新政府体制取代了法国古老政体。因为教会长期以来一直与古老体制结合在一起，必然是大革命推翻的对象。

人民忍受着巨大的痛苦，他们独自承受种种负担，他们生活在沉溺与偏见、嫉妒和仇恨中，所以他们既能忍受一切，又能毁坏一切。摆脱了宗教、习俗和法律的人们，精神上必然会被那些闻所未闻的理论所左右。长久以来存在的不平等及无法遏制的仇恨促使他们彻底摧毁中世纪遗留的一切制度，建立一个人人地位平等的社会。革命不仅粉碎了种姓、行会、阶级的不平等，而且废除了造成地位不平等的陈腐立法，一举推翻了中央集权制和专制政府。

托克维尔认为，要真正理解大革命，就必须深入研究法兰西民族的性格。他认为法兰西民族爱走极端，思想活跃，性格桀骜不驯，变化无常。有时顺从君主的专横和强暴的统治；有时坚决反对逆来顺受；有时又俯首帖耳。但是一旦什么地方出现反抗斗争，它就再也无法克制，立刻响应。它适宜做一切事务，但最出色的是战争；它崇尚机遇、力量、成功、光彩和喧闹，胜过真正的光荣。它长于英雄行为，而非德行；长于天才，而非常识；善于设想庞大的规划，而不适于圆满完成伟大的事业。它是欧洲最光辉、最危险的民族，天生就适于变化。时而令人赞美，时而令人仇恨，时而令人怜悯，时而令人恐怖，但绝不会令人无动于衷。只有这样的民族才能造就一场如此突然，如此迅猛，如此彻底，又如此充满反复、矛盾和对立的革命。

托克维尔认为，法国的民族性和那些历史原因促使法国进行了一场如此轰轰烈烈的大革命。

附 录

论三级会议各省，尤其朗格多克

三级会议是法国中世纪建立起来的等级代表会议。托克维尔在这一部分里，论述了三级会议省与国王政府的关系，三级会议的作用及朗格多克省三级会议的变化。

托克维尔认为，法国在大革命前，大多数省一直存在三级会议。这表明，每个省都在国王政府的管辖下，都由三个等级的人治理，即由教士、贵族和资产阶级的代表组成的会议治理。这些代表都由国王指定。在1789年，朗格多克省和其他五个大的省份还保留着三级会议。朗格多克省是三级会议省中面积最大、人口最多的省份，它是三级会议省中治理最好、最繁荣的省份。

朗格多克省和其他省份一样,三级会议只有经国王特别命令,由国王每年将召开会议的通知个别发给所有三级会议成员,才能举行。不仅如此,三级会议还要按照国王指定的日期开会和闭会,会期一般为40天。国王派代表出席会议,国王的代表负责陈述政府的意愿。三级会议处于严密监督之下,它们无权做出重大决策,无权决定任何财政问题,一切都得经过国王特别批准。甚至,三级会议每年的预算也由国王控制。

中央政府在各省有同样的政治权力,它颁布的法律、规章制度、措施、畅通无阻。每省都有政府的警察和官员。各省由总督统辖,施行政府监护制,它在各区有总督代理。总督决定所有路政问题;他判决有关道路问题的诉讼案件。所有涉及政府或被认为与之有关的案件,均由总督宣判。

朗格多克省虽然保留了三级会议和政府行政机构,但是,新时代的精神已经渗透到这古老的制度中。它有它独特的地方。

1.在其他省份,贵族有权以个人身份全部出席三级会议。而在朗格多克省，它有一个由重要人物组成的议会，贵族只有通过代表参加三级会议。23名贵族代表了其他所有贵族，教士也派23名代表出席会议，并且第三等级代表的名额与前两个等级也相同。会议采取依人头，而不依等级的方式表决，这样，改变了过去前两个等级联合对付第三等级的状况，第三等级逐渐在议会中有了举足轻重的地位。名为总理事的三位行政官员以三级会议的名义，负责日常事务，他们一般是法律界人士，也是平民。三级会议受到居民和王权的信任，它把中央政府的官员置之会外。人们每年在议会中自由讨论本省要解决的问题，并积极去落实。这样一来，贵族尽管有力量维持自己的地位，却再也无力独自统治；教士尽管大部分由贵族组成，但由于经济的发展，他们与第三等级十分融洽，共同携手工作。托克维尔因此总结说，整个18世纪期间，朗格多克是由资产阶级治理的，他们受到贵族的控制，却得到教士的帮助。

此外朗格多克的市政官员都是自由选举产生，而且，他们的任期很短，保证了行政官员的廉洁。通过竞争获得权力的行政官员忠实地代表全体居民的意志，他们在三级会议里是资产阶级和人民的唯一法定代表。

在朗格多克省,各阶级实际上都加入了政府,在政府中,他们的地位完全平等,这是其他地方望尘莫及的。

2.朗格多克有自己控制省内公共工程的权利。省内有很多由国王或其代理人出资兴办的公共工程以及部分由他们自己出资的工程。一旦工程的计划和费用得到批准,便由省会议选定官员负责,并由三级会议聘用的专员负责督察。

朗格多克省划分为若干以城市或村庄为单位的共同体,若干主教区,还划分为三个司法总管辖区。这些部分,每一个部分都有独立的代表权,都有单独的小型政府,他们或由三级会议领导,或是由国王领导。但是,凡是公共工程,无论哪个区的,只要这项工程为该地区所必须,该地区就必须采取某种措施予以资助。

朗格多克省的公共工程建设确实取得了很好的成效,他们已开通穿越全省及抵达王国各地的所有道路,且维护良好;甚至沟通省内城市和乡镇的道路也已修好;乡间小路也在整修中。省内的河道及穿越全省的河流都已修复，沿岸的商用港已经以重金加以维修。不仅如此，他们还排干了一些地区的沼泽，使之成为了可耕地。

河流、运河、道路的畅通使土地和工业产品提高了价值，人们随时可以将这些产品廉价运往各个地方，商业因此在全省活跃起来，朗格多克省也因此而富裕起来。此外，由于公共工程是各地平等承办的，所以全省的经济发展比较平衡。各处的物价稳定，民众有了生活来源，贫民得到救济。朗格多克省在给国王的报告中骄傲地说，国王无须花钱在朗格多克省创建慈善工场……我们每年自己举办的有用工程可以取而代之，并给大家以生产性工作。

3. 朗格多克省有权按照自己选择的方法，自行征收部分王家捐税以及获准设立供自己需要的全部捐税。这种征税权的获得使他们能够通过自己的方式，完全由自己的官员征税。这保证了省内各种开支的井然有序，信用稳固。军役税与其他省份不同，军役税是真实的而非因人而异，军役税是根据财产的价值而不是根据所有者的地位制定的。由于军役税不再牢牢地与阶级联系在一起，不为任何阶级创造与其他阶级格格不入或对立的特权，它便成为所有阶级共同关心的政府事务。

1789年前后法国社会政治状况

托克维尔认为，要真正看清楚法国革命的影响，就必须仔细研究法国人民所经历的连续变革，研究在大革命之前法国人民内部发生的重大变化，了解法国社会政治状况。托克维尔写这篇文章的目的正在于此。他在此分别论述了法国各阶层的状况。

关于教士，托克维尔指出，18世纪末，法国教士仍拥有财产，他们仍介入所有国家事务，但是法国人民的思想正从各个方面摆脱教会。教会作为政治机构的作用，已远远超出宗教机构的范畴。

教会这种权利是在路易十四统治时期形成的。路易十四摧毁了所有其他的个体组织，解散或压低了所有团体，只给教士留下特殊的地位。让教士自行制定税则，占有王国巨大的不动产，并千方百计地渗透到政府机构中去。路易十四为了加强自己的统治，使法国教会脱离了罗马教廷，由他亲自选定教会首脑。在他统治时期的法兰西，教会既是一个宗教机构，又是一个政治机构，教会统治着人们的精神世界。18世纪末，虽然人们的宗教信仰已经淡漠，但是，教士仍然拥有大量财产，并且仍然介入所有国家事务。

关于贵族，托克维尔指出，法国贵族是在法兰克人征服高卢、建立墨洛温王朝的过程中产生的。法国贵族的种类繁多，有佩剑贵族、穿袍贵族、宫廷贵族、外省贵族、旧贵族、新贵族。实际上，贵族是世袭的，出身才是贵族阶级来源的唯一源泉。人们生而为贵族，却不能变成贵族，只有贵族出身的人才能成为贵族，平民永远不可能成为贵族。

18世纪末，法国贵族只是徒有其名，已经丧失了对君主和对人民的影响。法国贵族只热衷于权力表象，一心追求显要官职，而把公共行政管理的事务交给别人管理。一些贵族待在自己的城堡里闭门不出，不为君主所知；一些贵族来到巴黎，生活在宫廷里；一些定居在外省的贵族，过着游手好闲的生活。贵族保持着飞黄腾达的外表，却丧失了权力的源泉——人民的拥护。

法国贵族在大革命前还保持着一定的特权，这些特权激起了人民更强烈的仇恨与嫉妒。贵族享有向军队输送军官的特权，贵族子弟一进入军队即可担任军官职位。但他们既无个人能力，也无团队精神，因而便成为了士兵的天敌；贵族有免缴一部分捐税的权利，并有每年向领地征收大量杂税的特权，这些特权并未使他们的财富增长，反而成为仇恨和嫉妒的众矢之的。托克维尔深刻地指出，金钱特权比权力特权危害更大，金钱产生的金额有多少，它产生的仇恨就有多深。

贵族已经抛弃了他们祖先的大部分思想，但是还有许多极其有害的思想，仍顽固地坚持着。为首的就是禁止从事工商业的偏见。这种偏见产生于中世纪，那时占有土地和有权有势是同一概念；相反，纯动产财富的概念意味着地位低下和软弱。然而事过境迁，占有土地和进行统治不再是一回事，然而，舆论依然如故，偏见依然存在。从整体看，贵族阶级不断贫困化，他们失去了发财致富的手段和机会。他们不仅不能依靠工商业发财，而且习俗也禁止他们通过联姻得到商人的财富。

在大革命爆发之际，法国的继承法仍然规定，几乎全部家产归贵族的长子，贵族长子有义务将家产原封不动地传给后代。而大量的封建领地已经脱离了贵族阶级之手。在法国威胁贵族生存的原因并非土地，更多地来自贵族周围和贵族外部的变化。随着贵族财富和权力的丧失，第三等级正在崛起。

第三等级包括中等阶级、最有钱的商人、最富有的银行家、最干练的工业家、作家、学者、小农场主、城市小店主及农民。在第三等级中有富人和穷人，有文盲，也有有教养的人，它可以说包括一个民族的所有成分，它自己形成了一个完整的民族，他们威胁着贵族的生存。

在中世纪，出身确实是全部社会权利的主要来源，但是到了18世纪，许多有钱人不是贵族，有些贵族不再有钱，在知识方面同样如此。而且贵族自我孤立于富足和有见识的平民之外，逐渐走向灭亡。

托克维尔不认为，法国的地产划分是从有关继承法发生变化的年代开始的，而认为是从大多数隶属贵族的领地被没收的时期才开始的。他认为，大革命爆发之际，大多数省份的土地已被大量瓜分。法国革命只不过使个别地区的现象扩大到整个法国领土而已。

18世纪末，法国权利与地位的不平等原则仍专制地支配着政治社会。要为国家服务，必须是贵族。没有贵族身份，人们很难接近国王。各种制度的具体规定与这一原则是一致的。替代继承、长子继承权、行会师傅身份，所有封建社会残余依然存在。法国有国教，国教的神甫不仅像某些贵族制国家一样是特权者，而且是排他性的统治者。教会是一部分领土的所有者，而且干预政府的事务。

18世纪，法国崭新的民族面貌已经隐约可见。

在中世纪的法国，存在着特权阶级——贵族与教士，他们集中了部分知识和几乎国家的所有财富。法国国王为削弱贵族的权力，建立中央集权制，联合人民和第三等级对付贵族阶级，王权扩及公共行政部门，插手地方事务。城市和各省失去了它们的特权。人民和第三等级竭尽全力促进这些变化。国王在从事这一事业的时候，得到了法学家的支持，前者提供强力，后者提供法律。前者靠专横跋扈掌握政权，后者靠法制掌握统治权。法学家们把国王对权力的热衷与治理的条理以及知识结合起来。国王能迫使人们暂时服从，法学家则有本领使人们心甘情愿地俯首听从。在他们会合的交点上，建立起专制制度。

巴黎很早就取得了王国内压倒一切的独特地位。

自中世纪以来，巴黎就开始成为知识、财富和王国政权的中心。权力集中在巴黎，而巴黎与日俱增的强盛又有利于权力的集中。国王将国家事务吸引到巴黎，巴黎把国家事务系于国王一身。

法国从前是由通过条约获得或通过武力征服的一些省份组成的，由民族和民族间关系联系着。随着中央的同一的行政制度的建立，民族差异便消失了。18世纪末，法国仍然划分为32个省，13个最高法院，各省政治体制五花八门，有的省采用封建法，有的采用罗马法。但是，整个法国已达到只有一个灵魂的水平，他们是当时欧洲国家中内部联系最密切的国家，最能团结一致共同活动的国家。其中心就是王权，它掌管着一切事务，为所欲为。法国人则形成了欧洲民族中最统一的民族，行政程序最完善，后来称为中央集权的制度达到了登峰造极的地步。

然而在政权走向专制的同时，习惯和思想日益变得更加自由。托克维尔指出，法国自由精神不是和1789年的大革命一起产生的。自由精神在任何时代一直是法兰西民族的突出特征。这种精神时断时续地表现出来。从中世纪的法国公社到17世纪初的历届三级会议，民主自由精神表现得十分充分。即使当王权控制了所有的权力时，人们也没有卑躬屈膝。17世纪的法国人与其说是服从国王，不如说是服从王权。他们服从国王不仅因为他们认为王权强大，而且因为他们认为国王仁慈合法。但他们在接受一个主人时，仍保持着自由精神。

托克维尔在此说明了现代民主的概念。他认为，每个人既然从自然得到了处世为人的必备知识，那他生来便有平等而不可剥夺的权利，在只涉及他本人的一切事务上，独立于他人之外，并有权任意支配自己的命运。随着人们地位的平等化，法国人的思想风尚也已朝民主方向转变。连国王也意识到，权力莫大于公众感情意志。

18世纪末的法兰西已呈现出这些特征：平等这一理论已经在人民的思想中扎根，对平等的爱好已深入人心；比起其他国家来法国团结得更加紧密，它服从一个强大而精明的政权；在这里，自由精神永远生机勃勃。人们的社会地位比较平等，大革命加强了平等，并把平等的学说载入法律。

即使没有这场大革命，革命所做的一切也会产生；

革命只不过是一个暴烈迅猛的过程,借此人们使政治状况适应社会状况,使事实适应思想,使法律适应风尚。

《旧制度与大革命》核心片断[1]

第一编　第三章　大革命如何是一场以宗教革命形式展开的政治革命，其原因何在

一切国内革命及政治革命都有一个祖国，并局限于这个范围内。法国革命却没有自己的疆域，不仅如此，它的影响可以说已从地图上抹掉了所有的旧国界。不管人们的法律、传统、性格、语言如何，它都使人们彼此接近或者分裂，它常使同胞成为仇敌，使兄弟

（1）摘自托克维尔著，冯棠译《旧制度与大革命》，商务印书馆1992年版。

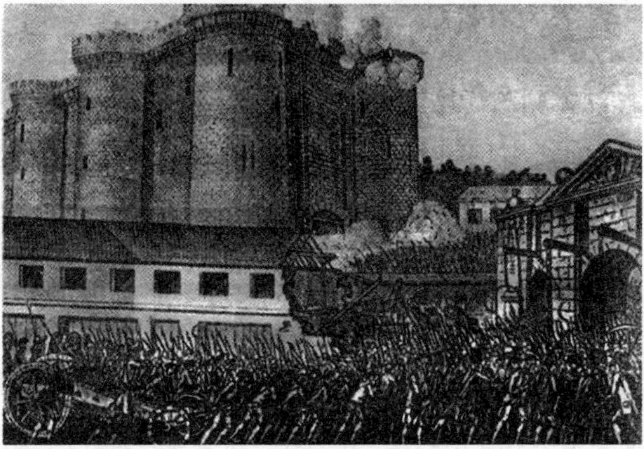

成为路人；不如说，它超越一切国籍，组成了一个理念上的共同祖国，各国的人都能成为它的公民。

翻遍全部史册，也找不到任何一次与法国革命特点相同的政治革命：只有在某些宗教革命中才能找到这种革命。因此，如果想用类比法来解释问题，就必须将法国革命与宗教革命作一比较。

席勒[1]在其《三十年战争史》中正确地指出，16世纪伟大的宗教改革使得互不了解的各国人民突然接近起来，并且通过新的共同信仰，紧密联合在一起。的确，法国人与法国人彼此交战之际，英国人前来助战；生于波罗的海纵深处的人竟深入到德意志的腹地，来保护那些他们从未听说过的德国人。所有对外战争都带有内战色彩；所有内战都有外国人介入。各个民族的旧利益被忘在脑后，代之以新利益；取代领土问题的是各种原则问题。所有外交规章都互相掺杂，混乱不堪，使当时的政治家们目瞪口呆，大伤脑筋。这正是1789年后在欧洲发生的形势。

（1） 席勒（1759—1805），与歌德同时代的德国伟大诗人、戏剧家。上述著作发表于1791年至1793年。——译者

因此，法国革命是以宗教革命的方式、带着宗教革命的外表进行的一场政治革命。试看它有哪些具体特点与宗教革命相似：它不仅像宗教革命一样传播甚远，而且像宗教革命一样也是通过预言和布道深入人心。这是一场激发布道热忱的政治革命。人们满怀激情地在国内实现革命，又以同样的热忱向国外传布。试想这是何等新的景象！在法国革命向世界展示的闻所未闻的事物中，这件事确实是最新鲜的。但我们且莫就此而止，应该更进一步深入探讨，考察这种类似的效果，是否来源于隐而不露的类似原因。

宗教的惯常特征是把人本身作为考虑对象，而不去注意国家的法律、习俗和传统在人们的共同本性上加入了什么特殊成分。宗教的主要目的是要调整人与上帝的总体关系，调整人与人之间的一般权利和义务，而不顾社会的形式。宗教所指明的行为规范并不限于某国某时的人，而主要涉及父子、主仆、邻里。宗教既然植根于人性本身，便能为所有的人同样接受，放之四海而皆准。宗教革命因此常拥有如此广阔的舞台，极少像政治革命那样局限于一国人民、一个种族的疆域之中。如果对这个问题作进一步考察，我们就会发现，宗教愈是具备我所指出的这一抽象而普遍的特征，便愈能广泛传播，不管法律、气候、民族有何不同。

古代希腊罗马的异教或多或少均与各国人民的政体或社会状况有关，在它的教义中保留着某个民族的而且常常是某个城市的面貌，异教因此通常局限于一国的领土，很少越出范围。异教有时导致不宽容和宗教迫害，但是布道热忱在异教中却几乎完全看不到。因此，在基督教到来以前的西方，也就没有大规模的宗教革命。基督教轻而易举地越过那些曾经阻挡异教的各种障碍，在很短时间内就征服了大部分人类。基督教的胜利部分是由于它比其他宗教更能摆脱某国民族、某种政府形式、某种社会状态、某个时代及某个种族所特有的一切，我认为这样讲并不是对这圣教失敬。

法国革命正是依照宗教革命的方式展开的，但是法国革命涉及现世，宗教革命则为来世。宗教把人看作一般的、不以国家和时代为转移的人，法国革命与此相同，也抽象地看待公民，超脱一切具体的社会。它不仅仅研究什么是法国公民的特殊权利，而且研究什么是人类在政治上的一般义务与权利。

法国革命在社会与政府问题上始终追溯到更具普遍性的，也可以说更自然的东西，正因如此，法国革命既能为一切人所理解，又能到处为人仿效。

法国革命仿佛致力于人类的新生，而不仅仅是法国的改革，所以它燃起一股热情，在这以前，即使最激烈的政治革命也不能产生这样的热情。大革命激发了传播信仰的热望，掀起一场宣传运动。由此，它终于带上了宗教革命的色彩，使时人为之震恐；或者不如说，大革命本身已成为一种新宗教，虽然是不完善的宗教，因为既无上帝，又无礼拜，更无来世生活，但它却像伊斯兰教一样，将它的士兵、使徒、受难者充斥整个世界。

尽管如此，不能认为法国革命所采取的手段是史无前例的，它所宣传的一切思想都是完全新颖的。在各个世纪，甚至在中世纪兴盛时期，都有这样的鼓动宣传者，他们为了改变具体的习俗而援用人类社会的普遍法则，并以人类的天赋权利反对本国的政体。但是，所有这些尝试都失败了，18世纪燎原于欧洲的这同一火炬，在15世纪就轻易地被扑灭了。要想使这种学说产生革命，人们的地位、习俗、风尚必须已经发生某些变化,为学说的深入人心做好精神准备。

在某些时代,人和人之间如此迥异,以致普遍适用的法则对于他们竟成了无法理解的思想。在另一些时代里,只要将某一法则的朦胧轮廓远远地向人们展示,他们便能立即辨认并趋之若鹜。

最了不起的,并不在于法国革命使用了各种手段,创立了各种思想:伟大的新事物在于,那样众多的民族竟达到这样的水平,使他们能有效地使用这些手段,并轻而易举地接受这些准则。

第一编 第五章 法国革命特有的功绩是什么

前面所有的论述只是为了阐明主题,以帮助解决我一开始就提出的问题:大革命的真正目的是什么?它的本身特点究竟是什么?为什么它恰恰要这样发生?它完成了什么?

大革命的发生并不像人们所认为的那样,是为了摧毁宗教信仰的权威;不管外表如何,它在实质上是一场社会政治革命;在政治制度范围内,它并不想延续混乱,并不像它的一位主要反对者所说的那样要坚持混乱,使无政府状态条理化,而是要增加公共权威的力量和权利。它并不像另一些人所想的那样,要改变我们的文明迄今具有的特点,阻止文明的进步,也没有从实质上改变我们西方人类社会赖以依存的根本法律。如果撇开不同时期不同国家发生的曾经暂时改变大革命面貌的所有偶然事件,而只考察大革命本身,人们就会清楚地看到,这场革命的效果就是摧毁若干世纪以来绝对统治欧洲大部分人民的、通常被称为封建制的那些政治制度,代之以更一致、更简单、以人人地位平等为基础的社会政治秩序。

这些就足以产生一场规模巨大的革命;因为古老的制度与欧洲的几乎一切宗教法律和政治法律混合交织在一起,除此之外,这些制度还产生了一整套思想、感情、习惯、道德作为它们的附属物。要想一举摧毁并从社会躯体中摘除与各器官相连的某一部分,需要一场可怕的动乱。这就使这次大革命显得更加伟大;它似乎摧毁一切,因为它所摧毁的东西触及一切,可以说与一切相连。

不管大革命怎样激进,它的创新程度比人们普遍认为的却少得多,这个问题我将在后边加以阐明。确切地说,大革命彻底摧毁了或正在摧毁(因为它仍在继续）旧社会中贵族制和封建制所产生的一切，以任何方式与之有联系的一切，以及即使带有贵族制和封建制最微小的印迹的一切。大革命从旧世界保存下来的只是同这些制度始终格格不入或者独立于这些制度之外的东西。它决不是一次偶然事件。的确，它使世界措手不及，然而它仅仅是一件长期工作的完成，是十代人劳作的突然和猛烈的终结。即使它没有发生，古老的社会建筑同样也会坍塌，这里早些，那里晚些；只是它将一块一块地塌落，不会在一瞬间崩溃。大革命通过一番痉挛式的痛苦努力，直截了当、大刀阔斧、毫无顾忌地突然间便完成了需要自身一点一滴地、长时间才能成就的事业。这就是大革命的业绩。

但是使人惊异的是，今天看来如此明了的事情，当初在那些上智者眼里却始终显得模糊不清，混乱一团。

就是那位伯克对法国人说道："你们想要匡正你们政府的弊端，但何必创新呢？你们何不因循你们古老的传统？你们何不恢复你们古老的特权？倘若你们无法恢复你们祖先体制的隐失的面貌，那么你们何不将目光移向我们英国？在英国，你们将会找到欧洲共同的古老法律。"伯克对近在眼前的事竟全然不察；革命恰恰是要废除欧洲共同的旧法律；他没有看到，问题的要害正在于此，而非其他。

但是这场到处都在酝酿、到处产生威胁的革命，为什么在法国而不在其他国家爆发？为什么它在法国具备的某些特点，在任何地方也找不到，或只出现一部分？这第二个问题确实值得一提；考察这个问题将是下面各编的宗旨。

第二编 第一章 为什么封建权利在法国比在其他任何国家更使人民憎恶

有件事乍看起来使人惊讶：大革命的特殊目的是要到处消灭中世纪残余的制度，但是革命并不是在那些中世纪制度保留得最多、人民受其苛政折磨最深的地方爆发，恰恰相反，革命是在那些人民对此感受最轻的地方爆发的；因此在这些制度的桎梏实际上不太重的地方，它反而显得最无法忍受。

18世纪末，德意志境内几乎没有一处彻底废除了农奴制度，同中世纪一样，大部分地方的人民仍牢牢地被束缚在封建领地上。弗里德里希二世和玛丽亚-

特雷萨[1]的军队几乎全是由名副其实的农奴组成的。

1788年,在德意志大多数邦国,农民不得离开领主庄园,如若离开,得到处追捕,并以武力押回。在领地上,农民受主日法庭[2]约制,私生活受其监督,倘若纵酒偷懒,便受处罚。农民的地位无法上升,职业不得改变,主人若不高兴,他便不得结婚。他的大部分时间得为主人尽劳役。年轻时,他得在庄园中做多年仆役。为领主服劳役仍为定制,在某些邦国,役期竟达每周三天。领主房产的翻盖维修、领地产品运往市场及其经营,以及捎带信件,都由农民承担。农民可以成为土地所有者,但是他的所有权始终是不完全的。他必须根据领主的眼色来决定在自己地里种些什么;他不能任意转让和抵押土地。在某些情况下,领主强迫他出卖产品;在另一些情况下,领主又阻止他出售;对农民来说,耕种土地永远是强制性的。就连他的产业也不全部由他的子嗣继承,其中一部分通常归领主。

---

(1) 奥地利女皇(1740—1780),实行开明专制,推行一系列重要改革。——译者
(2) 主日(dies dominicus)即星期日。主日法庭(justice dominicale)即星期日法庭。——译者

我不需在陈旧法律中去查阅有关条文,在伟大的弗里德里希拟定、由其继位者在大革命刚刚爆发之际颁布的法典中,就有这些规定。

类似的情况在法国早已不存在:农民可任意往来、买卖、处置、耕作。农奴制最后遗迹只有在东部一两个被征服省份中才可见到;在所有其他地方,农奴制已经绝迹,废除农奴制的日期已如此遥远,人们已不记得。当今考据证明,从13世纪起,诺曼底便废除了农奴制。

但是在法国还发生了另一场涉及人民社会地位的革命:农民不仅仅不再是农奴,而且已成为土地所有者。这一事实今天尚未得到充足的说明,但其后果如此深远,使我不得不在此稍停片刻,加以论述。

人们长期以来一直认为,地产的划分开始于大革命,它只能是大革命的产物。事实恰恰相反,各种证据均可证实这一点。

至少在大革命以前20年,便有一些农业协会对土地的过分分割感到不满。蒂尔戈[1]当时说道:"瓜分

---

[1] 蒂尔戈(1727—1781),法国政治家、经济学家,曾任路易十六的财政总监,推行改革。——译者

遗产使得原来够维持一家人的土地被分给五六个孩子。这些孩子及其家庭此后是无法完全靠土地为生的。"若干年后，内克尔[1]也说，法国存在大量的农村小地产主。

在一份大革命前若干年写给总督的秘密报告中，我发现了如下的话："人们正以平等和令人担忧的方式再次瓜分遗产，每个人都想处处都弄到一点，因而一块块土地被无止境地划分下去，不断地一再划分。"难道这话不像是出自今人之口吗？

我下了极大的功夫在某种程度复原旧制度的土地册，有时也达到了目的。根据1790年确定土地税的法律，各教区均当呈报该区现存的地产清单。这些清单大部分已失散；但在有些村庄，我却发现了清单，并拿来与我们今天的名册作一比较，我看到在这些村子里，地产主的数量高达当今数目的二分之一，并往往达到三分之二；若考虑到从那个时期以来，法国总人口增长四分之一强，那么地产主的骤增显得相当惊人。

（1） 内克尔（1732—1804），日内瓦银行家，曾任路易十六的财政总监，倡导改革。——译者

农民对地产的热爱今昔一致，都达到了顶点，土地的占有欲在农民身上点燃了全部激情。当时一位出色的观察者说道："土地总是以超出其价值的价格售出；原因在于所有居民都热衷于成为地产主。在法国，下层阶级的所有积蓄，不论是放给个人或投入公积金，都是为了购置土地。"

阿瑟·扬首次旅法时，发现许多新鲜事物，其中最使他惊异的就是大量土地已在农民中被划分；他估计法国有一半土地已属农民所有。他常说："这种形势是我万万没有想到的。"的确，只有在法国或其近邻才出现这样的形势。

在英国也曾有过拥有地产的农民，但数目已大大减少。在德国，各个时代各个地方，都有一些拥有完全土地所有权的自由农民。日耳曼人最古老的习俗中，就有关于农民地产的特殊的、往往是古怪的法律；但是这种地产始终是例外，小地产主的数量微乎其微。

18世纪末，在德意志某些地区，农民成为土地所有者，差不多跟法国农民一样自由，这些地区大多位于莱茵河流域；正是在这些地方法国的革命热潮传播最早，并且始终最有生气。相反，德意志那些长时期不为革命热潮渗透的部分，就是没有发生类似变化的地方。这点很值得注意。

因此，认为法国地产的划分始自大革命，这是附和一种普遍的错误观点；土地的划分远远早于大革命。的确，大革命出售了教士的全部土地，以及贵族的大部分土地；但是查阅一下当时拍卖土地的记录，就像我有时耐心查阅的那样，人们便会看到，这些土地大部分是由已经拥有其他土地的人买走的；因此，地产虽然易手，地产所有者数目的增加比人们想象的还是少得多。根据内克尔的通常浮夸但这次准确的用语：法国当时就已经存在大量土地所有者。

大革命的结果不是划分土地，而是暂时解放土地。所有这些小地产主在经营土地时确实深感痛苦，他们承受着许多劳役，无法摆脱。

这类负担无疑是沉重的，但是他们之所以觉得无法忍受，正是由于存在某种本应减轻负担的情况：因为这些农民，与欧洲其他地方不同，已经摆脱了领主的管辖；这是另一场革命，它与使农民变为土地所有者的那场革命一样伟大。

尽管旧制度离我们还很近，因为我们每天都遇到在旧制度法律下出生的人们，但是旧制度仿佛已经消失在远古的黑暗中。这场彻底的革命将我们与旧制度隔离开，似乎已经历若干世纪：它使未被摧毁的一切变得模糊不清。因此，今天很少有人能精确地回答这样一个简单问题：1789年以前，农村是怎样治理的？当然，如果不是在书本之外再去研究那个时代的政府档案，就无法精确详尽地论述这个问题。

我常常听人说：贵族长期以来已不再参与国家治理，但是他们仍一直保持农村的全部行政权力；领主统治着农民。这种观点显然是错误的。

在18世纪，教区的一切事务都是由一些官吏主持的，他们不再是领地的代理人，也不再由领主选定；他们当中有些人是由该省总督任命，另一些人则由农民自己选举。分派捐税，修缮教堂，建造学校，召集并主持堂区大会的，正是这些权力机构。它们监管公社财产，规定其用项，以公共团体名义提出并维持公诉。领主不仅不再负责管理地方上的所有这些细小事务，而且也不进行监督。正如我们在下一章将阐明的那样，所有教区官吏均隶属政府，或归中央政府统辖。领主几乎不再是国王在教区的代表，不再是国王与居民之间的中介人。在教区内执行国家普遍法律、召集民兵、征收捐税、颁布国王敕令、分配赈济之类事务再也不由领主负责。所有这些义务和权利均属他人所有。领主事实上只不过是一个居民而已，与其他居民不同的只是享有免税权和特权；他拥有不同的地位，而非不同的权力。总督们在写给他们的下属的信中特意说道，领主只不过是第一居民。

如果走出堂区，到区考察，你将再次见到同一景象。作为整体，贵族不再从事管理，除非作为个人；这种现象在当时为法国所仅有。在其他一切地方，古老封建社会的特征还部分地保留着：拥有土地和统治居民仍合为一体。

英国是由那些主要的土地所有者进行管理和统治的。在德意志，在国王已摆脱贵族对国家一般事务的控制的各个部分，例如普鲁士和奥地利，他们还是给贵族保留了大部分农村管理权，即使在某些地方，国王已强大到能控制领主，他们也还未取代领主的位置。

真正说来，法国贵族很久以来就不再接触国家行政，只有一处是例外，那就是司法权。贵族中的首要人物还保持权利，让法官以他们的名义裁决某些诉讼，还在领地范围内不时地制定治安规章；但是王权已逐渐剪除、限制领地司法权，使之归属王权，这样一来，那些仍然行使司法权的领主便不再把它视为一种权力，而视为一项收入。

贵族享有的所有特殊权利都是如此。政治部分已经消失，只有金钱部分保留下来，而且有时还激增。

在此，我只想论述那一部分尚未失效的特权，即名副其实的封建权利，因为它们与人民关系最为密切。

今天，很难说明这些权利在1789年究竟有哪些；因为它们数量庞大，品类繁多，况且其中有一些已经消失，或已经转化；正因为此，这些对当时人来说已经含混的词义，对于我们来说就更模糊不清。然而，当我们查阅18世纪研究封建法的专家著作并耐心研究地方习俗时，就会发现所有现存的权利都可简化为数目很小的主要几种；其他的一切权利确实还存在，但只不过是孤立的个别现象。

为领主服徭役的迹象在各地几近消失。道路通行费大部分变得低廉或已被取消；不过在少数省份，仍可见到好几种道路通行费。在所有省份，领主征收集市税和市场税。人人皆知，在整个法国，领主享受专有狩猎权。一般说来，只有领主拥有鸽舍和鸽子；领主几乎处处强迫当地居民在其磨坊磨面，用其压榨机压榨葡萄。一项普遍的极为苛刻的捐税是土地转移和变卖税；在领地范围内，人们出售或购买土地，每一次都得向领主纳税。最后，在整个领土上，土地都担负年贡、地租以及现金或实物税，这些捐税由地产主向领主交纳，不得赎买。透过所有这些花样，可以看到一个共同特点：这些权利或多或少都与土地或其产品有关，全都损害土地耕种者的利益。

大家知道，教会领主享受同样的好处；因为教会虽然与封建制度起源不同，目的不同，性质亦不同，可是它最终却与封建制度紧密结合在一起；尽管它从未完全融合于这个不相干的实体，却深深地渗进其中，仿佛被镶嵌在里面一样。

因此，主教、议事司铎、修道院院长根据其不同教职都拥有采邑或征收年贡的土地。修道院在它所在的地区通常也有一个村庄作为领地。在法国唯一还有农奴的地区，修道院拥有农奴；它使用徭役，征收集市和市场税，备有烤炉、磨坊、压榨机以及公牛，村民付税后方可使用。在法国，如同在整个基督教世界一样，教士还有权征收什一税。

但是在这里对我来说重要的是指出，当时整个欧洲，到处可见到这同样的封建权利，完完全全同样的封建权利，而且它们在欧洲的大部分地方，比法国沉重得多。我只引证一下领地徭役。在法国，徭役罕见并且温和，在德国则仍旧普遍而残酷。

此外还有关于起源于封建制度的权利，它们曾激起我们先辈最强烈的反抗，被认为不仅违背正义，而且违反文明：什一税、不得转让的地租、终身租税、土地转移和变卖税，它们按18世纪略为夸张的说法被称作土地奴役，所有这些在当时的英国都部分存在，有好几种直至今天尚可见到。它们并未妨碍英国农业成为世界上最完善、最富庶的农业，而且英国人民几乎也未感到它们的存在。

那么为什么同样的封建权利在法国人民的心中激起如此强烈的仇恨，以至仇恨对象消失以后这种激情依然如故，简直无法熄灭呢？产生这种现象的原因，一方面是法国农民已变为土地所有者，另一方面是法国农民已完全摆脱了领主的统治。无疑还存在其他原因，但是我认为这些乃是主要原因。

假如农民没有土地,那么他们对封建制度强加在地产上的多种负担便会无动于衷。如果他不是承租人,什一税与他有何相干?他从租金所得中交纳什一税。如果他不是土地所有者,地租与他有何相干?如果他替别人经营,那么经营中的种种盘剥又与他有何相干?

另一方面,如果法国农民仍归领主统治,他们便会觉得封建权利并非不能忍受,因为这不过是国家体制的自然结果。

当贵族不仅拥有特权,而且拥有政权时,当他们进行统治管理时,他们的个人权利更大,却不引人注意。在封建时代,人们看待贵族近似于我们今天看待政府:为了取得贵族给与的保障,就得接受贵族强加的负担。贵族享有令人痛苦的特权,拥有令人难以忍受的权利;但是贵族确保公共秩序,主持公正,执行法律,赈济贫弱,处理公务。当贵族不再负责这些事情,贵族特权的分量便显得沉重,甚至贵族本身的存在也成为疑问。

请你们想象一下18世纪的法国农民,或者想象一下你们熟悉的农民,因为法国农民始终如一:他的地位变了，但性格并未变。看一看我引用的文件所刻画的农民吧，他酷爱土地，用全部积蓄购买土地，而且不惜任何代价。为了得到土地，首先他得付税，不过不是付给政府，而是付给邻近的地产主，这些人和他一样与政府毫不相干，差不多和他一样无权无势。他终于有了一块土地，他把他的心和种子一起埋进地里。在这广阔的天地里，这一小块地是属于他本人的，对此他心中充满自豪与独立感。可是那同一帮邻人跳了出来，把他从他的地里拉走，强迫他无偿为他们在别处干活。他想保卫他的种子不受他们的猎物的糟蹋，可是那帮人阻止他这样做。他们守候在河流渡口，向他勒索通行税。在市场上，他又碰上他们，必须向他们交钱以后才能出卖自己生产的粮食。回到家中，他打算把剩下的麦子自己食用，因为这是他亲手种植，亲眼看着长大的，可是他不得不到这帮人的磨坊里磨面，用这帮人的烤炉烘面包。他那小块土地上的部分收入成了交给这帮人的租金，而这些租金不能赎取，也不受时效约束。

不管他干什么，处处都有这些讨厌的邻人挡道，他们搅扰他的幸福，妨碍他的劳动，吞食他的产品；

而当他摆脱了这帮人,另一帮身穿黑袍的人又出现了,而且夺走了他的收获的绝大部分。请设想一下这位农民的处境、需求、特征、感情,若你能够的话,请计算一下,农民心中积了多少仇恨与嫉妒。

封建制度已不再是一种政治制度,但它仍旧是所有民事制度中最庞大的一种。范围缩小了,它激起的仇恨反倒更大。人们说得有道理:摧毁一部分中世纪制度,就使剩下的那些令人厌恶百倍。

第二编 第二章 中央集权制是旧制度的一种体制而不是像人们所说是大革命和帝国的业绩

从前,当法国还有政治议会时,我听一位演说家谈论中央集权制,他说道:"这是法国革命的杰出成就,为欧洲所艳羡。"我承认中央集权制是一大成就,我同意欧洲在羡慕我们,但是我坚持认为这并非大革命的成就。相反,这是旧制度的产物,并且我还要进一步说,这是旧制度在大革命后仍保存下来的政治体制的唯一部分,因为只有这个部分能够适应大革命所创建的新社会。细读本章的耐心读者也许会看出,我对我的论点作了充分的论证。

请允许我先将所谓的三级会议省[1],亦即自治省或不如说表面上部分自治的省,放在一边,暂且不谈。

三级会议各省地处王国边远地区,人口几乎只占法国总人口的四分之一,而且在这些省份里,只有两个省才有真正生气蓬勃的省自由权。我打算以后再来论述三级会议省,我将阐明,中央政权强迫这些省服从共同规章,达到了什么程度。

在这里,我主要想论述被当时的行政语言称作的财政区省,尽管这些地方的选举比其他地方少。[2]巴黎四周都是财政区,它们结为一体,构成整个法国的心脏和精华。

人们乍一观察王国的旧行政制度,便觉得那些规章和权威多种多样,各种权力错综复杂。行政机构或官吏遍布法国,这些官吏彼此孤立,互不依赖,他们参加政府是凭借他们买到的一种权利,谁也不得夺走

---

(1) 三级会议省(pays d'états),指直到旧制度末期还保留有三级会议的省份。其中4个大省份即:勃艮第、布列塔尼、朗格多克、普罗旺斯。——译者
(2) 财政区省(pays d'élection),指不同于三级会议省而拥有隶属国王的财政管理权和财政机关。在法文里élection(财政区)一词亦作"选举"解。——译者

这一权利。他们的权限常常混杂、接近，从而使他们在同类事务的圈子里互相挤压，互相碰撞。

法庭间接参与立法权，法庭有权在其管辖范围内制定带强制性的行政规章制度。有时法庭反对行政机构，大声指责政府的措施，并向政府官员发号施令。普通法官在他们所居住的城市和乡镇制订治安法令。

城市的体制多种多样。城市行政官员名目互异，他们的权力来源也各不相同：在这个城市是市长，在那个城市则是行政官，而在其他城市则是行会理事。有些人是国王选定的，另一些人是由旧领主或拥有采地的亲王选定的；有的人是由当地公民选举的，任期一年，另外有些人是花钱买永久统治权。

这些是旧政权的残余；但是在这些残余中间，却逐渐建立起一种相对新颖或经过改造的事物，这留待后面描述。

在王权的中央，靠近王位的地方，形成了一个拥有特殊权力的行政机构，所有权力都以新的方式凝集在这里，这就是御前会议。

御前会议起源于古代，但是它的大部分职能却是近期才有的。它既是最高法院，因为它有权撤销所有普通法院的判决，又是高级行政法庭，一切特别管辖权归根结蒂皆出于此。作为政府的委员会，它根据国王意志还拥有立法权，讨论并提出大部分法律，制定和分派捐税。作为最高行政委员会，它确定对政府官员具有指导作用的总规章。它自己决定一切重大事务，监督下属政权。一切事务最终都由它处理，整个国家就从这里开始转动。然而御前会议并没有真正的管辖权。国王一人进行决断，御前会议像是发表决定。御前会议似乎有司法权，其实仅仅是由提供意见者组成的，高等法院在谏诤书中就曾这样说过。

组成御前会议的并不是大领主，而是平凡或出身低下的人物，有资历的前总督以及其他有实际经验的人，所有成员均可撤换。

御前会议的行动通常是无声无息、不引人注意的，它始终有权而不声张。这样它自身也就毫无光彩；或者不如说它消失在它身旁的王权的光辉中。御前会议如此强大，无所不达，但同时又如此默默无闻，几乎不为历史所注意。

国家的整个行政均由一个统一机构领导，同样，内部事务的几乎全部管理都委托给单独一位官员，即总监。

若打开旧制度年鉴，便会看到各省都有自己独特的大臣；但是研究一下卷宗所载的行政机构，便会立即发现，省里的大臣很少有机会起重要作用。日常国家事务是由总监主持的，他逐渐将所有与钱财有关的事务都纳入自己管辖范围，即差不多整个法国的公共管理。总监的角色不断变换：财政大臣、内政大臣、公共工程大臣、商务大臣。

中央政府在巴黎其实只有单独一位代理人。同样，在各省，它也只有单独一位代理人。18世纪还能看到一些大领主带有省长头衔。这是封建王权的旧代表，他们常常是世袭的。人们仍授予他们一些荣誉，但是他们不再拥有任何权力。总督拥有全部统治实权。

总督是普通人出身，同外省丝毫无关，他年轻，要发迹高升。他并不是靠选举权、出身或买官职才获得手中权力的；他是由政府从行政法院的下级成员中遴选的，并且随时可以撤换。他从行政法院里分离出来，但又代表行政法院，正因如此，按照当时的行政语言，他被称为派出专员。在他手中几乎握有行政法院所拥有的全部权力，从初审起，便行使所有权力。

像行政法院一样,他既是行政官又是法官。总督同所有大臣通信,他是政府一切意志在外省的唯一代理人。

在他手下,并由他任命的,是设置在各地县里的、他可任意撤换的行政官员——总督代理[1]。总督通常是新封贵族;总督代理总是平民。但在指派给他的区域内,他就像总督在整个财政区一样,代表着整个政府。总督隶属于大臣,同样,他隶属于总督。

达尔让松伯爵在他的《回忆录》中讲到约翰·劳[2]有一天曾对他说道:"我从不敢相信我任财政监督时所见的那些事。你要知道法兰西王国竟是由30个总督统治的。没有最高法院,没有等级会议,没有省长,各省的祸福贫富,全系于这30位在各省任职的行政法院审查官身上。"

这些官员虽然权力很大,但在封建旧贵族的残余面前却黯然失色,仿佛消失在旧贵族尚存的光辉中;

---

(1) 总督代理(subdélégué),17世纪末由总督设置,负责财政区内各项事务,是总督下属。——译者
(2) 约翰·劳(1671—1729),苏格兰金融家,致力金融银行研究,摄政时期创办私人银行,后开西方公司,终于控制法国海外贸易,由于投机和滥发货币导致破产逃亡。此前曾任财政总监。——译者

正因如此，人们在那个时代很难看到总督，尽管他们的手早已伸向四面八方。比起他们来，贵族在社会上更优越，他们拥有地位、财富和敬重，这种敬重总是与旧事物相联系的。在政府里，贵族簇拥着国王，组成宫廷；贵族统率舰队，指挥陆军；总而言之，贵族不仅是那个时代最令人瞩目的人物，连子孙后代的眼光也常常停留在他们身上。若是有人提议任命大领主为总督，便是对大领主的侮辱；即使最贫穷的贵族也常常不屑于出任总督。总督在贵族看来，是一个僭权者的代表，是资产者以及农民派到政府中任职的一批新人，总之，是一群无名小辈。然而，正如约翰·劳所说的和我们将看到的那样，这些人却统治着法国。

让我们先从捐税权谈起，因为捐税权可以说包括了所有其他权利。

大家知道，捐税中有一部分属包税：对于这些税来说，这是由御前会议同金融公司洽谈，商定契约的各项条款，并规定征收的方式。所有其他捐税，如军役税、人头税以及二十分之一税，均直接由中央政府的官员确定和征收，或在他们无与伦比的监督下进行。

军役税和附带的许多捐税的总额，及其在各省的摊派额，都由御前会议每年通过一项秘密决议来确定。这样，直接税逐年增长，而人们却事先听不到任何风声。

军役税是古老的捐税，课税基数与征税从前都委托给地方官办理，他们或多或少独立于政府，因为他们行使权力是凭借出身或选举权，或依靠买来的官职。这些人是领主、教区收税人、法国的财务官、财政区内直接税间接税征收官。这些权威人士在18世纪依然存在；但有些人已完全不管军役税，另外一些人即使管也只是将它放在极其次要或完全从属的地位。甚至在这方面，整个权力也握在总督及其助理手中：事实上，只有他才能在教区间摊派军役税，指挥监督收税员，准予缓征或免征。

另一些捐税，如人头税，由于近期才有，所以政府不再为那些古老权力的残余伤脑筋；政府独行其是，不受被统治者的任何干扰。总监、总督和御前会议确定每项纳税额的总金额。

让我们从钱的问题转到人的问题。

在大革命及随后的时代，法国人是那样顺从地忍受征兵的桎梏，这常使人感到吃惊；但是必须牢牢记住，法国人完全屈从这种制度由来已久。征兵制的前身是自卫队，后者的负担更重，虽然所征兵员少一些。有时人们用抽签决定农村青年入伍，在他们当中挑选若干名士兵组成自卫军团，服役期六年。

由于自卫队是比较现代的制度，所以旧的封建政权无一能够管理，一切事宜只能委托给中央政府的代理人。御前会议确定总兵额及各省份额。总督规定各教区应征人数，总督代理主持抽签，裁决免征比例，指定哪些自卫军可以驻守家中，哪些应开拔，最后将这些应开赴者交与军事当局。要求免征只能求助于总督和御前会议。

同样可以说，在各三级会议省之外，所有公共工程，甚至那些任务最特殊的公共工程，也都是由中央政权的代理人决定和领导。

独立的地方当局依然存在，如领主、财政局，大路政官，他们可以对这部分公共管理有所帮助。然而这些古老权力在各处几乎很少有所作为或全无作为：这点只要稍微考察一下当时的政府文件即可证明。所有大路，甚至从一城市通往另一城市的道路，都是在普遍捐助的基础上开辟和维护的。制订规划和确定管辖权的是御前会议。总督指挥工程师工作，总督代理召集徭役进行施工。留给地方旧政权管理的只有村间小道，这些小道自那时以来一直无法通行。

中央政府在公共工程方面的重要代理人，同今天一样，是桥梁公路工程局。尽管时代不同，这里的一切却出奇地相同。桥梁公路管理当局有一个会议和一所学校，有督察员每年跑遍整个法国，有工程师，他们住在现场，依照监察官指令，负责领导整个工程。旧制度的机构被搬入新社会，其数量比人们想象的大得多。它们在转变过程中通常丧失自己的名称，尽管还保存着固有形式；但是桥梁公路工程局既保留了名称，也保留了形式，这是罕见的事情。

中央政府依靠其代理人单独负责维持各省治安。骑警队分成小队遍布整个王国，各地都置于总督指挥之下。正是依靠这些士兵，必要时还动用军队，总督才能应付意外的危局，逮捕流浪汉，镇压乞丐，平息因粮价上涨而不断爆发的骚乱。被统治者从未像过去那样被召唤来帮助政府完成上述使命，除非是在城市里，那里通常有保安警，由总督挑选士兵，任命军官。

司法机构有权制定治安条例，并常常行使这个权力；但是这些条例只在一部分地区实行，而且最经常的是在单独一个地点实行。御前会议任何时候都可以取消这些条例，当事关下级管辖权时，它不断这样做。它本身则天天制定应用于整个王国的普遍条例，或是涉及与法院制定的规章内容不同的问题，或是涉及那些内容相同但法院处理不同的问题。这些条例，或如当时人所说，这些御前会议判决，数量庞大，而且随着大革命的临近，不断增加。大革命前40年间，无论社会经济或政治组织方面，没有一部分不经御前会议裁决修改。

在旧的封建社会，如果说领主拥有极大权利，那么他也负有重大责任。他的领地内的穷人，须由他来赈济。在1795年的普鲁士法典中，我们找到欧洲这一古老立法的最后痕迹，其中规定："领主应监督穷苦农民受教育。他应在可能范围内，使其附庸中无土地者获得生存手段。如果他们当中有人陷于贫困，领主有义务来救助。"

类似的法律在法国很久以来就不复存在了。领主的旧权力已被剥夺，因此也摆脱了旧义务。没有任何地方政权、议会、省或教区联合会取代他的位置。法律不再赋予任何人以照管乡村穷人的义务；中央政府果断地单独负起救济穷人的工作。

御前会议根据总的税收情况，每年拨给各省一定基金，总督再将它分配给各教区作为救济之用。穷困的种田人只有向总督求告。饥荒时期，只有总督负责向人民拨放小麦或稻米。御前会议每年作出判决，在它所专门指定的某些地点建立慈善工场，最穷苦的农民可以在那里工作，挣取微薄的工资。显而易见，从如此遥远的地方决定的救济事业往往是盲目的或出于心血来潮，永远无法满足需要。

中央政府并不仅限于赈济农民于贫困之中，它还要教给他们致富之术，帮助他们，在必要时还强制他们去致富。为此目的，中央政府通过总督和总督代理不时散发有关农艺的小册子，建立农业协会，发给奖金，花费巨款开办苗圃，并将所产苗种分给农民。中央政府如果减轻当时压在农业上的重担，缩小各种负担间的不平等，效果会好得多；但是，显然，中央政府从未想到这一点。

御前会议有时意欲强迫个人发家，无论个人有否这种愿望。强迫手工业者使用某些方法生产某些产品的法令不胜枚举。由于总督不足以监督所有这些规定的贯彻实行，便出现了工业总监察，他们来往于各省之间进行控制。

御前会议有时禁止在它宣布不太适宜的土地上种植某种作物。有的判决竟命令人们拔掉在它认为低劣的土壤上种植的葡萄，可见政府已由统治者转变为监护人了。

第二编 第五章 中央集权制怎样进入旧政治权力并取而代之，而不予以摧毁

现在，让我们重述一下前三章所讲的内容：由一个被置于王国中央的唯一实体管理全国政府；由一个大臣来领导几乎全部国内事务；在各省由一个官员来领导一切大小事务；没有一个附属行政机构，或者说，只有事先获准方可活动的部门；一些特别法庭审理与政府有关案件并庇护所有政府官员。这些岂不是我们所熟知的中央集权制吗？同今天相比，其形式不大明确，其步骤不大规范，其存在更不稳定；但这是同一事物。自那时以来，没有对这座建筑增添或减少什么重要部分；只要把它周围树立起来的一切拔除掉，它

就会恢复原状。

我刚描述的制度大部分后来在成百个不同地方被仿效，但是这些制度在当时乃为法国所特有，我们很快即将看到它们对于法国革命及其后果产生了多么巨大的影响。

但是那些近期产生的制度怎么能在封建社会的废墟中在法国建立起来呢？

这是一件需要耐心、机智、为时久长的事业，不是光靠武力和权术可告成的。当大革命爆发之际，法国这座古老政府大厦几乎完好无损；可以说，人们用它在原基础上建起了另一座大厦。

没有任何迹象表明，为了进行这项困难工程，旧制度政府曾参照一张事先已深思熟虑的蓝图；政府只是听从某种本能，而这种本能促使任何政府独揽大权，政府官员尽管多种多样，但这种本能却始终如一。政府保留了那些旧政权机构的古老名称和荣誉，但一点一滴地减去其权力。它并未将它们从原有的领域中逐出，只是把它们引开。它利用某一人的惰性，又利用另一人的自私，以占据其位置；它利用旧政权机构的一切流弊，从不试图予以纠正，只是竭力取而代之。

最后，政府终于以总督这唯一的政府代理人实际上取代了旧政权的几乎全部人员，而总督这个名词，在旧政权问世时还闻所未闻。

在这番大业中，只有司法权令政府感到棘手；然而即使这里，它也最终抓住了权力的实质，留给其反对者的只是权力的影子而已。它并未将高等法院排除出行政领域：它逐渐扩大自己的势力，以至几乎全部占领了这个领域。在某些短暂的非常情况下，例如饥荒时期，由于鼎沸的民情助长了法官们的雄心，中央政府便让高等法院暂时理事，允许它们热闹一番，这在历史上常常产生回响；但是不久，中央政府就悄悄地重新占领了它的位置，暗中将所有的人和所有的案件重新控制起来。

倘若仔细注意高等法院反对王权的斗争，就会看到，斗争差不多总是集中于政策问题，而不是集中于政府问题。通常引起争论的是新税法，也就是说，敌对双方所争夺的不是行政权，而是立法权，因为双方对此都无权占有。

大革命越临近，形势更加如此。随着民众激情的沸腾，高等法院日益卷入政治；与此同时，由于中央政府及其代理人变得更加老练、更加精明，高等法院越来越不过问真正的行政问题；它日益更像保民官，而不像行政官。

况且时代不断为中央政府开辟新的活动范围，法庭缺乏灵活性，跟不上政府；新的案件层出不穷，它们在法院中无先例可循，与法院的常规格格不入。社会飞跃发展，每时每刻都产生新的需求，而每一种新的需求，对中央政府来说都是一个新的权力源泉，因为只有中央政府才能满足这些需求。法院的行政范围始终是固定不变的，而中央政府的行政范围是活动的，而且随着文明本身不断扩大。

大革命临近，开始摇撼所有法国人的头脑，向他们传播无数新思想，而唯有中央政府才能实现；大革命在推翻中央政府之前，使它进一步发展。和其他一切事物一样，中央政府也完善起来。当我们研究中央政府档案时，这一点尤其令人吃惊。1780年的总监和总督与1740年的总监和总督完全不同，政府已被改造。政府官员未变，精神却已改观。随着政府变得更加包罗万象，更加扩大，它也变得更加规范，更加开明。它占领了所有领域，与此同时，却变得温和起来：

压迫少，疏导多。

大革命最初的努力摧毁了君主制度这个庞大的体制，但它又于1800年重新恢复。人们常说，这是在国家行政问题上的1789年那些原则在当时以及后来的胜利，其实恰恰相反，取胜的是旧制度的那些原则，它们当时全都恢复实施，而且固定下来。

如果有人问我，旧制度的这一部分是怎样整个搬入新社会并与之结为一体的，我将回答，倘若中央集权制在大革命中没有灭亡，那就意味着中央集权制本身是这场革命的开端和标志；我还将进一步说，当人民在其内部摧毁贵族政治时，他们自然而然地奔向中央集权制。此刻加速人民这一倾向比起抑制这一倾向，要容易得多。在人民内部，所有权力自然都趋向于统一，只有凭借大量手腕，才可能使之分裂。

民主革命扫荡了旧制度的众多体制，却巩固了中央集权制。中央集权制在这场革命所形成的社会中，自然而然地找到了它的位置，以致人们心安理得地将中央集权制列为大革命的功绩之一。

第三编　第一章　到 18 世纪中叶，文人何以变为国家的首要政治家，其后果如何

我暂且把要描述的为这场伟大革命作准备的那些古老的一般事件放在一边。现在论述的是一些最近的特殊事件，它们最终确定这场革命的地位、发端和性质。

长期以来，法兰西在欧洲所有民族中，就是一个最有文学天赋的民族。文人在法国从来没有展现像他们在 18 世纪中叶前后所展现的精神，从来没有占据他们在那时所取得的地位。这种情况在法国前所未有，我想，在其他国家也没有发生过。

与英国不同，这些文人从不卷入日常政治，相反，他们的生活从未比这个时期更超脱，他们没有丝毫权力，在一个充斥官吏的社会里，他们不担任任何公职。

然而，他们不像大多数德国同行那样，完全不问政治，埋头研究纯哲学或美文学。他们不断关心同政府有关的各种问题；说真的，他们真正关心的正是这些。他们终日谈论社会的起源和社会的原始形式问题，谈论公民的原始权利和政府的原始权利，人与人之间自然的和人为的相互关系，习俗的错误或习俗的合法

性，谈论到法律的诸原则本身。这样，他们每天都在深入探索，直至他们那时代政治体制的基础，他们严格考察其结构，批判其总设计。的确，并不是所有作家都把这些重大问题作为进行特殊而深入研究的对象；大部分人只不过是蜻蜓点水，聊以自娱；但是，所有作家都遇到了这些问题。这种抽象的文学政治程度不等地散布在那个时代的所有著作中，从大部头的论著到诗歌，没有哪一个不包含一点这种因素。

至于这些作家的政治体系，他们彼此分歧如此之大，以致有人想从中调和，形成一个统一的政府理论，却从未完成这项工作。

尽管如此，如果撇开枝节，溯本求源，便不难发现，这些不同体系的作家们至少在一个最普遍的观念上是一致的，这个观念仿佛是他们每人都设想到的，似乎先于他们头脑中一切特殊思想而存在，并且是这些思想的共同来源。不管他们在进程中如何分歧，这个起跑点却是一致的：他们都认为，应该用简单而基本的、从理性与自然法中汲取的法则来取代统治当代社会的复杂的传统习惯。

只要仔细察看，人们就能发现，所谓18世纪政治哲学，严格说来，就包含在上述的那个唯一观念之中。

这样的思想并不新鲜：3000年来，它不断地在人类的想象中闪现，但从未固定下来。那么，这回它是怎么占据所有作家的头脑的呢？为什么不像往常那样只停留在几个哲学家头脑里，却一直深入到大众中，使他们政治热情经久不衰，以致关于社会性质的普遍而抽象的理论竟成了有闲者日常聊天的话题，连妇女与农民的想象力都被激发起来了呢？这些作家一无地位、荣誉、财富，二无职务、权力，怎么一变而为当时事实上的首要政治家，而且确实是独一无二的政治家，因为其他人在行使政权，唯有他们在执掌权威？我想用几句话指出这个问题，让大家看看这些似乎仅仅属于我们的文学史的事件，对于大革命，以及对于我们今天，产生了何种非同小可的影响。

18世纪的哲学家们普遍形成的那些观念与他们时代作为社会基础的观念格格不入，这种现象并非偶然；他们这些思想是眼前的那个社会自身的景象向他们自然地提供的。荒谬可笑的特权泛滥，使人们越来越感到沉重，越来越认为特权没有存在的理由，这种景象把每个哲学家的头脑同时推向，或不如说抛向人的社会地位天生平等这种思想。他们看到那些从往昔的时代沿袭下来的凌乱古怪的制度，从来无人希图加以整饬，使之适应新的需要，这些制度虽已丧失效力，却仿佛还要垂诸万世，因此他们很容易就对旧事物和传统感到厌恶，自然而然地趋向于各自以理性为唯一依据，勾画出崭新的蓝图去重建当代社会。

这些作家的处境本身也为他们对于政府问题的普遍抽象理论的兴趣作了准备，并且使他们盲目地相信这些理论。他们的生活远远脱离实际，没有任何经历使他们天性中的热忱有所节制；没有任何事物预先警告他们，现存事实会给哪怕最急需的改革带来何种障碍；对于必然伴随着最必要的革命而来的那些危险，他们连想都没想过。他们对此毫无预感；由于根本没有政治自由，他们不仅对政界知之甚少，而且视而不见。他们在政界无所作为，甚至也看不到他人的所作所为。只要见过自由社会、听过其中的争论的人，即使不问国事，也能受到教育，而他们连这种肤浅的教育也没有。这样，作家们就敢于更大胆创新，更热爱那些普遍的思想和体系，更蔑视古代的哲理，更相信他们个人的理性，这在那些著书立说研究政治学的作家中一般是看不到的。

同样因为愚昧，民众对他们言听计从，衷心拥戴。假如法国人像以前一样在三级会议中参政，每天在省议会中继续致力地方行政，那么可以断定，法国人绝不会像此时此刻那样，被作家的思想所煽动；他们会维持事务的一定规章，以防止纯理论。

假如同英国人一样，法国人也能够不废除旧的体制，而是通过实践来逐渐改变体制的精神，他们也许就不至于心甘情愿地臆想出所有新花样。但是每个法国人每天都在他的财产、人身、福利或自尊方面受到某种旧法律、某种旧政治惯例、某些旧权力残余的妨碍，而他看不到任何他本人能采用的医治这种特殊疾病的药方。似乎要么全盘忍受，要么全盘摧毁国家政体。

然而在其他种种自由的废墟里，我们还保留了一种自由：我们还能够差不多毫无限制地进行哲学思辨，论述社会的起源、政府的本质和人类的原始权利。

所有身受日常立法妨碍的人不久便爱上了这种文学政治。对文学政治的爱好一直深入到那些由于天性或社会地位而远离抽象思辨的人心中。凡是受到不平等的军役税摊派损害的纳税人，无一不为人人均应平等的思想感到振奋；遭贵族邻居的兔子祸害的小所有者，听说一切特权概应受理性的谴责，无不为之雀跃。这样，每种公众激情都乔装成哲学；政治生活被强烈地推入文学之中，作家控制了舆论的领导，一时间占据了在自由国家里通常由政党领袖占有的位置。

再没人能够与作家争夺这个地位。

贵族阶级在其盛期不仅领导事务，他们还领导舆论，给作家定调子，赋予思想以权威。18世纪法国贵族完全丧失了这一部分统治权；贵族的信誉随其权力的命运消失：贵族在精神领域一向占有的统治地位已成真空，因此作家在那里能尽情扩张，独自占有这个位置。

不仅如此，作家们夺走了贵族的位置，贵族却支持作家的事业；贵族完全忘掉了，一旦普遍理论受到承认，就不可避免地转化为政治激情和行动。因此贵族居然把与他们的特殊权利，甚至生存水火不相容的种种学说视为巧妙的精神娱乐；他们情愿埋身其间，消磨时光，一边稳稳当当地坐享豁免权与特权，一边平心静气地论述所有根深蒂固的习俗如何荒谬。

看到旧制度的上层阶级竟这样盲目地促进自己的灭亡，常常令人惊异；但是他们从哪里可以得到光明呢？要使主要公民们了解自己面临的危险，正如要使小民百姓保卫自己的权利一样，自由的体制都是必要的。公共生活的最后痕迹在我们当中消失了一个多世纪，从那时以来，最直接关心维持旧政体的人们对于这座古老建筑的腐朽丝毫未加注意，从未听见这座朽屋的任何撞击和噪音。由于表面上什么也没发生变化，他们以为一切都原封未动。他们的思想还停留在他们先辈的观点上面。1789年贵族在陈情书里对王权的侵越行为表示担心，如同他们在15世纪陈情书里表示的一样。在国王方面，伯克曾一针见血地指出不幸的路易十六在行将葬身于民主洪流前片刻，仍将贵族视为王权的首要敌手；他不信任贵族，仿佛人们还生活在投石党运动的时代。相反，资产阶级和人民在他眼中，一如在他先王眼中一样，是王室最可靠的支持者。

但是，我们已亲眼见到那么多场革命的残迹，就更觉奇怪：在我们先辈的头脑中竟没有暴力革命这一概念。人们既没有讨论过也没有设想过暴力革命。公共自由不断给稳如泰山的社会一次次轻微震动，每天提醒社会可能覆灭，必须保持警惕；但是，在就要落入深渊的这个18世纪的法国社会，却毫无即将倾覆的警告。

我细心阅读过1789年三级会议召开前三个等级起草的陈情书。我讲三个等级，即贵族等级、教士等级和第三等级。我在这儿看到，人们要求改革法律，在那儿看到，要求改革惯例，我一一做下笔记。这样我继续把这项浩繁的工作做完，当我把所有这些个别要求汇集在一起时，我惊恐地发现，人们所要求的乃是同时而系统地废除所有现行的法律和惯例；我立即看到，这是有史以来一场规模最大、最为危险的革命。那些明天就将成为牺牲品的人对此全然不知，他们以为，借助理性，光靠理性的效力，就可以毫无震撼地对如此复杂、如此陈旧的社会进行一场全面而突然的改革。这些可怜虫！他们竟然忘掉了他们先辈四百年前用当时朴实有力的法语所表达的那句格言：谁要求过大的独立自由，谁就是在寻求过大的奴役。

长期以来，贵族和资产阶级被排除在一切公共生活之外，他们表现出这种独特的缺乏经验并不使人惊异；但是更加使人惊异的是，正是那些领导国家事务的人，大臣、行政官、总督，毫无先见之明。他们中间许多人对于本职工作的确都精明强干；他们洞悉当时政府的一切细枝末节；但是，一涉及治国这门科学，这门教授如何理解社会普遍运动，如何判断群众精神动向并预见其后果的科学时，他们就和民众一样一窍不通。事实上，只有自由政治制度才能把治国安邦的要术完完全全教给政治家。

这点在1775年蒂尔戈致国王的呈文中看得十分清楚，他向国王进谏，要进行自由的全民选举，每年在国王周围召开为期六周的代议制议会，但不给议会任何实权。议会只谈行政，绝不涉及政府，只提供咨询，不表达意志，说实话，只有权讨论法律，无权制定法律。蒂尔戈道："这样，王权就会得到启发但不受阻碍，公众舆论将会满意，而无任何危险。因为这些议会无权反对国王的必要行动，万一——尽管不可能——它们不听话，国王陛下永远是国家主宰。"谁也不会低估一项措施的意义和蒂尔戈所在时代的精神。的确，常常在各次革命临近尾声时，人们才能不受指责地实行蒂尔戈提出的政策，那就是，并不给予真正的自由，只给点自由的影子。奥古斯都的尝试曾获得成功。一国国民倦于冗长的辩论时，只要能获得安定，心甘情愿地任人欺骗。历史告诉我们，要使国民满意，只消在全国纠集若干无名的或无独立性的人，发给薪金，让他们在国民面前扮演一下政治议会的角色就够了。这样的例子多得很。但是，在一场革命的开端，这种做法无不失败，不仅不能使人民满意，反倒使人民愤激。自由国家最微末的公民尚且知道这一点，堂堂的行政官蒂尔戈却一无所知。

法兰西民族对自身事务极为生疏，没有经验，对国家制度感觉头痛却又无力加以改善，与此同时，它在当时又是世界上最有文学修养、最钟爱聪明才智的民族。想到这些，人们就不难理解，作家如何成了法国的一种政治力量，而且最终成为首要力量。

在英国，研究治国之道的作家与统治国家的人是混合在一起的，一些人将新思想引进实践，另一些人借助事实来纠正和限定理论。然而在法国呢，政界仿佛始终划分为两个互不往来、彼此分割的区域。在前一个区域，人们治国理民；在后一个区域，人们制定抽象原则，任何政府均应以此为基础。在这边，人们采取日常事务所要求的具体措施；在那边，人们宣扬普遍法则，从不考虑用何手段加以实施：有些人负责领导事务；另一些人负责指导思想。

现实社会的结构还是传统的、混乱的、非正规的结构，法律仍旧是五花八门，互相矛盾，等级森严，社会地位一成不变，负担不平等，在这个现实社会之上，逐渐建造起一个虚构的社会，在这里，一切显得简单、协调、一致、合理，一切都合乎理性。

逐渐地，民众的想象抛弃了现实社会，沉湎于虚构社会。人们对现实状况毫无兴趣，他们想的是将来可能如何，他们终于在精神上生活在作家建造起来的那个理想国里了。

人们常将我们的革命归因于美国革命：的确，美国革命对法国革命有很多影响，但是，当时在美国的作为对于法国革命的影响并不及当时法国的思想对法国革命的影响。当美国革命在欧洲其他国家还只是一个新鲜奇特的事件时，对法国人来说它并不陌生，只不过更有血有肉，更震撼人心罢了。在欧洲，它令人震惊；在法国，它使人信服。美国人仿佛只是贯彻实行我们作家的设想：他们赋予我们头脑中的梦想以现实的内容。这就好比费内隆[1]突然出现在萨朗特。

历史上,伟大人民的政治教育完全由作家来进行,这真是一件新鲜事,这种情况也许最有力地决定了法国革命本身的特性,并使法国在革命后呈现出我们今天所见到的容貌。

作家们不仅向进行这场革命的人民提供了思想,还把自己的情绪气质赋予人民。全体国民接受了他们的长期教育,没有任何别的启蒙老师,对实践茫然无知,因此,在阅读时,就染上了作家们的本能、性情、好恶乃至癖性,以致当国民终于行动起来时,全部文学习惯都被搬到政治中去。

人们研究法国革命史就会看到,大革命正是本着卷帙浩繁的评论治国的抽象著作的同一精神进行的:即本着对普遍理论,对完整的立法体系和精确对称的法律的同一爱好;对现存事物的同样蔑视;对理论的同样信任;对于政治机构中独特、精巧、新颖的东西的同一兴致;遵照逻辑法则,依据统一方案,一举彻

---

[1] 费内隆(1651—1715),法国高级教士、社会、政治问题著作家,被认为是18世纪启蒙运动的先驱。——译者

底改革结构，而不在枝节上修修补补的同一愿望而进行的。这是何等骇人的景象！因为在作家身上引为美德的东西，在政治家身上有时却是罪恶，那些常使人写出优美著作的事物，却能导致庞大的革命。

那时连政治语言也从作家所讲的语言中吸取某些成分；政治语言中充满了一般性的词组、抽象的术语、浮夸之词以及文学句式。这种文风为政治热潮所利用，渗入所有阶级，而且不费吹灰之力，便深入到最下层阶级。早在大革命前，路易十六的敕令便经常提到自然法和人权。我发现农民在诉状中称邻舍为同胞，称总督为可敬的行政官，称教区本堂神甫为圣坛使者，称上帝为最高主宰，这些农民只是不懂拼写法，否则他们就能成为相当厉害的作家。

这些新品格与法兰西性格的旧底子完全混为一体，以致有人常将仅仅由这种独特教育产生的东西归因于天性。我听到有人说，60年来我们在政治方面崇尚普遍思想，崇尚体系，崇尚夸大其词，这种喜好或者酷爱是与我们种族的某一种属性，即略加夸大的所谓法兰西精神相关联的，仿佛这个所谓的属性一直隐藏在我们的历史中，到临近上世纪末才骤然间显露出来。

奇怪的是，我们保持了取自文学的习气，却几乎完全丧失了对文学的年深日久的热爱。在我参与公共生活期间，我看到人们不大读 18 世纪的书，更不必说其他任何世纪的书了，对作家也极端蔑视，然而对于他们出生以前由文学精神显示出来的某些主要缺陷，他们却忠实保留，对**此**我常感惊异。

第三编　第五章　何以减轻人民负担反而激怒了人民

140 年来，在公共事务的舞台上，人民连片刻也未曾出现，因而人们根本不再相信人民还会走上舞台；看到人民麻木不仁，人们便认为他们是聋子；以致当人们开始关心人民的命运时，就当着他们的面大谈特谈，仿佛他们不在场。人们似乎是专讲给高踞人民头上的那些人听的，他们担心的唯一危险是怕那些人不能完全听懂。

那些最应害怕人民发怒的人当着人民的面高声议论那些经常折磨人民的残酷的、不公正行为；他们相互揭发政府机构骇人听闻的种种罪恶，而政府机构是人民身上最沉重的负担；他们用动听的辞令描绘人民的苦难和报酬低劣的劳动:他们试图这样来解救人民,结果使他们怒气冲天。我说的不是作家,而是政府,是政府的主要官员,是特权者本身。

大革命前13年,国王试图废除劳役制,他在敕令的序言中说道:"除少数几个省(三级会议省)外,几乎所有王国的道路都是由我们臣民中最贫穷的那一部分无偿修建的。一切负担便全都落在那些除了双手一无所有,并且与道路只有极其次要利害关系的人们头上;真正有切身利益的是所有者,差不多全部是特权者,他们的财富由于修路而增长。人们强迫穷人单独维修道路,迫使他们无偿提供时间和劳动,这样一来便剥夺了他们抵御贫苦饥饿的唯一手段,让他们为有钱人的利益劳动。"

与此同时,人们着手消除工业行会制度加给工人的种种痛苦,以国王名义宣布:"劳动权是一切财产中最神圣的财产;一切有损劳动权的法律均违背自然权利,均当被视为无效的法律;现存社会是古怪暴虐的制度,是利己、贪婪、强暴的产物。"类似的言论很危险,更危险的是这些话等于白说。几个月以后,行会和劳役制重新恢复。

据说使国王说出这种话的是蒂尔戈。蒂尔戈的继任者也大都照此办理。1780年,国王向臣民宣布今后增派军役税必须公开登记,他在旁注中还特地说道:"纳军役税者已为征收军役税的烦恼所折磨,他们至今仍承受那些意外的增派,以致我们臣民中最穷苦的这部分人的税额增长比例远远高于所有其他臣民。"国王还不敢使捐税负担一律平等,不过他至少着手确立征税平等,在已确定共同负担的捐税中推行。他说道:"朕希望有钱人不会觉得受损害,他们如今被纳入共同水准,他们要完纳的捐税只不过是长期以来他们本当更加平等地承担的那份。"

尤其在饥荒年月,人们似乎是有意刺激群情,而不是满足他们的需求。一位总督为激发有钱人发善心,谈到"这些所有者极不公正、为富不仁,他们所占有的一切应归功于穷人的劳动,但是他们却在穷人为开发他们的财产而筋疲力竭之际,任其饿死"。国王在类似情况下也说过:"朕欲保卫人民免遭无衣无食之苦,有钱人强迫他们劳动,高兴给多少报酬就给多少。朕不能容忍一部分人听任另一部分贪婪的人摆布。"

直至君主制末期，不同行政权力之间存在的斗争引起形形色色的类似现象：争论双方一心把人民的苦难推诿给对方。1772年在粮食流通问题上，图卢兹高等法院与国王之间引起的那场争论尤其清楚地表明了这点。"由于其错误措施，政府可能使穷人饿死，"图卢兹高等法院说。——"高等法院的野心和有钱人的贪婪造成了公众的穷困，"国王反驳道。双方就这样向人民头脑中灌输这样的思想：他们的痛苦永远只应责怪上面。

这些事情在秘密函件中找不到，在公开文件中却提到，政府和高等法院特意将这些文件大量印刷，四处张贴。这样做的时候，国王便向他的先辈和他自己道出了非常严峻的事态真相。一天他说道："国库已因历代挥霍而负担过重。我们的许多不得转让的领地已经以廉价转让了。"另一次据说国王出于理性而不是出于谨慎说道："工业行会尤其是列王的国库贪财的产物。"国王在下面补充说："假如形势常常造成无用的开支，军役税过分增长，其原因便在于财政管理部门认为增加军役税是秘密进行的，所以是最简易的对策，尽管还有许多其他对我们的人民负担较轻的办法。"

所有这些都是对国民中有教养的那一部分人讲的,为的是使他们相信某些遭到个别利益集团指责的措施反倒是有用的。至于人民呢,当然他们即使听见了也不懂得。

必须承认,甚至在这种善心里也含有对人们真心想拯救出苦海的那些受苦人的极端蔑视,这不禁使人想起夏特莱夫人[1]的看法,伏尔泰的秘书告诉我们,夏特莱夫人毫不在乎地当着仆从的面更衣,因为她并不确信仆人也是人。

不要以为刚才我转述的危险性语言仅仅出自路易十六及其大臣之口;那些即将成为人民众矢之的的特权者在人民面前讲话时也是如此。应当承认,在法国,社会上层阶级开始关心穷人命运时,穷人尚未使他们感到畏惧;他们关心穷人时,尚不相信穷人的疾苦会导致他们自己的毁灭。这一点在1789年以前十年当中尤为明显:那时人们经常同情农民,不断谈论农民,

---

(1) 夏特莱夫人(1706—1749),伏尔泰的情妇,爱好科学,写有各种论文。——译者

研究用什么方法能救济农民，揭露使农民受苦的主要流弊，谴责特别危害农民的财政法规。但是在这种新的同情表示中，人们照旧缺乏远见，和过去长期麻木无远见一样。

1779年在法国部分地区，后来又在整个王国，召集了省议会，请读一读这些会议记录。研究一下会议留给我们的其他公开文件，你定会为文件的善良情意所感动，对文件中格外不慎重的语言感到惊讶。

1787年下诺曼底省议会说道："人们经常看到，国王用于修路的钱被用在富人身上，而对人民毫无用处。人们常常花费金钱使通向城堡的道路更舒适，却不用来使市镇或村庄的入口更方便。"在这同一会议上，贵族等级和教士等级描述了劳役的罪恶后，自发地同意捐赠50000里佛改善乡间道路，说这样一来，本省道路即可畅通，却不需耗费人民一文钱。对这些特权者来说，用普遍捐税代替劳役制并缴付应纳捐税，也许更少费钱些；但是，在自愿出让捐税不平等的利润时，他们却还想保留其外表。在抛弃他们权利的有益部分的同时，他们细心保留着令人憎恨的部分。

另一些省的议会完全由免纳军役税的地产主组成，

他们一心打算继续免纳人头税,但却同样用最暗淡的色彩描绘这种军役税使人民蒙受的苦难。他们将军役税的一切流弊编织成一幅可怕的图画,还特意大量印制。但是很奇特的是,就在他们关心人民的明显表示中,他们却不时加进公开蔑视人民的话语。人民已经唤起他们同情,但仍旧是他们轻视的对象。

上基耶内省议会热烈地为农民的事业申辩,但称这些农民为无知粗野的人,好闹事、性格粗鲁、不顺从的家伙。蒂尔戈曾为人民做了不少事,但他讲起话来也是如此。

这类恶言冷语在那些准备公布于众让农民亲自阅读的法令上可以见到。仿佛人们生活在欧洲那些像加里西亚的地方,在那儿,上层阶级讲一套与下层阶级不同的语言,下层阶级听不懂他们说的是什么。18世纪封建法学家对于交纳年贡者和其他封建税的债务人,常常表现出温和、节制、公正这种不大为前人所知的精神,但在某些地方,他们仍旧说卑贱的农民。看来这类骂人话正如那些公证人所说,是自古已然。

随着1789年的临近,这种对人民贫苦的同情变得更强烈、更轻率。我手中有一些1788年初许多省议会致不同教区居民的通告，为的是要从他们那里详细了解他们可能提出的一切申诉。

这些通告中有一份是由一位神甫、一位大领主、三个贵族和一位资产者签署的，他们都是议会成员，以议会名义行事。该委员会命令各教区的行会理事召集全体农民，向他们征询对所纳不同捐税的制定和征收方式的意见。通告称："我们大致知道，大部分捐税，特别是盐税和军役税，对种田人来说产生了灾难性的后果，但是我们还要具体了解每一种流弊。"省议会的好奇心不止于此，它要知道教区内享有某种特权的人——贵族、教士或俗人的人数，要确切知道这些特权是什么；免税人的财产价值多少；他们是否居住在他们的土地上；是否有很多教会财产——或像当时所说，永久管业基金——不参与商业，它们价值多少。所有这一切尚不能使议会满意；还要告诉它，假使存在捐税平等，特权者应承担的那部分捐税，军役税、附加税、人口税、劳役，估计数额是多少。

这等于是通过叙述各人所受的苦难使他们激愤起来，向他们指出罪魁祸首，点明他们为数很小，不足为惧，从而在他们内心深处燃起贪欲、嫉妒和仇恨。

人们似乎完全忘掉了扎克雷起义⁽¹⁾、铅锤党人⁽²⁾和十六人委员会⁽³⁾，似乎不懂得这些法国人的性格：在天性保持平静时，他们是世界上最温和、最仁慈的民族，一旦迸发出猛烈激情，就会变成最野蛮的民族。

可惜我未能获得农民答复这些致命问题的所有报告，但我还是找到了一些，足以了解支配这些报告的一般精神。

在这些报告中，每一个特权者的名字，贵族也好，资产者也好，都一一指明；每个人的生活方式有时也被描述一番，而且总是加以批判。人们仔细地研究他的财产的价值，而且还涉及这些特权的数量和性质，尤其是特权给村里所有其他居民造成的损害。人们列举必须作为租金交纳的小麦斗数；羡慕地估算特权者的收入，据说这笔收入谁也不能分享。本堂神甫的额外收入——人们已经称之为他的薪水——过多；人们辛

（1） 1358年在博韦西爆发的反抗贵族的农民起义。——译者
（2） 1382年巴黎人为反抗新征间接税而爆发的市民起义。——译者
（3） 16世纪末宗教战争期间巴黎的联盟派组成的委员会，代表16个区，支持吉斯公爵，一度推行暗杀恐怖。——译者

酸地注意到，教堂里所有的事都得付钱，穷人连安葬也得交钱。捐税全都制定得很糟糕，而且欺压人。没有一项捐税不受到抨击，他们谈论一切人，语言暴躁，怒不可遏。

他们说道："间接税可恨，没有哪一家包税员没有来搜查过；没有任何东西在他的手下和眼中是不可侵犯的。注册税繁重，军役税收税员是个暴君，他贪婪，欺压穷人，无所不用其极。执达员也不比他强；没有一个老实的庄稼人能躲过他们的暴行。征税员为使自己免遭这些恶霸的吞噬，不得不伤害其邻人。"

在这次调查中大革命不仅宣告了它的临近，而且它就在这里，它已经在使用它的语言，展现出它的整个面目。

16世纪宗教革命和法国大革命的所有差别之中，有一种差别令人瞩目：在16世纪，大部分显要人物投身于宗教变革都出于野心或贪婪；相反，人民却出于信仰，并不指望得到什么好处。在18世纪，情况就不同了；正是无私的信仰和慷慨的同情感动了当时有教养的阶级，使他们投身革命，而使人民行动起来的是满腔的痛苦怨恨和要改变地位的强烈欲望。前者的热情终于点燃并武装了后者的怒火和贪欲。

第三编　第八章　大革命如何从以往事物中自动产生

在结束本书时，我想将我分别描绘的若干特征加以归纳，再来看看大革命是如何从我刚为之画像的那个旧制度中仿佛自动产生的。

如果人们考虑到，正是在法国，封建制度虽然没有改去自身中那些会伤害或刺痛人的东西，却最完全地丢掉了能对封建制度起保护作用或为它服务的一切，人们就不会惊讶这场后来猛烈摧毁欧洲古老政体的革命是在法国而不在别国爆发的。

如果人们注意到，贵族在丧失其古老的政治权利后，已不再治理和领导居民——这种现象为任何欧洲封建国家所未见，然而他们却不仅保留而且还大大增加贵族成员个人所享有的金钱上的豁免权和利益。他们已经变成一个从属阶级，但同时仍旧是个享有特权的封闭阶级。正如我在别处说过的，他们越来越不像贵族，越来越像种姓。他们的特权显得如此不可理解，如此令法国人厌恶，无怪乎法国人一看见他们心中便燃起民主的愿望，并且至今不衰。

最后，如果人们想到，这个贵族阶级从内部排除中产阶级并与之分离，对人民漠不关心，因而脱离人民，在民族中完全陷于孤立，表面上是一军统帅，其实是光杆司令，人们就会明白，贵族存在千年之后，怎么会在一夜之间就被推翻。

我已阐明国王政府如何在废除各省的自由之后，在法国四分之三的地区取代了所有地方权利，从而将一切事务无论巨细，都系于一身；另一方面我已说明，由于必然结果，巴黎以前只不过是首都，这时已成为国家主宰，简直可以说就是整个国家。法国这两个特殊事实足以解释为什么一次骚乱就能彻底摧毁君主制，而君主制在几个世纪中曾经受住那样猛烈的冲击，在倾覆前夕，它在那些行将推翻它的人眼中似乎还是坚不可摧的呢。

法国是很久很久以来政治生活完全消失的欧洲国家之一。在法国，个人完全丧失了处理事务的能力、审时度势的习惯和人民运动的经验，而且几乎丧失了人民这一概念，因此，很容易想象全体法国人怎么会一下子就落入一场他们根本看不见的可怕的革命，而那些受到革命最大威胁的人却走在最前列,开辟和扩展通向革命的道路。

由于不再存在自由制度,因而不再存在政治阶级,不再存在活跃的政治团体,不再存在有组织、有领导的政党,由于没有所有这些正规的力量,当公众舆论复活时,它的领导便单独落在哲学家手中,所以人们应当预见到大革命不是由某些具体事件引导,而是由抽象原则和非常普遍的理论引导的;人们能够预测,不是坏法律分别受到攻击,而是一切法律都受到攻击,作家设想的崭新政府体系将取代法国的古老政体。

教会自然与所有要废除的古老制度结为一体,毫无疑问,这场革命必当在推翻世俗政权的同时动摇宗教;从那时起,无法说出革新者一旦摆脱了宗教、习俗和法律对人们想象力所加的一切束缚,他们的精神会被哪些闻所未闻的鲁莽轻率所左右。

但是,认真研究过国家状况的人本不难预见到,在法国,没有哪种闻所未闻的鲁莽行为不会被尝试,没有哪种暴力不会被容忍。

"什么！"伯克在一本雄辩的小册子[1]里叫道，"人们竟找不到一个人能替最小的区抗辩；而且，看不到一个人能替他人担保。每个人都在家里束手就擒，无论是由于倾向王权主义、温和主义，还是所有别的什么东西。"伯克不了解他为之惋惜的那个君主制，曾在哪些条件下把我们抛给我们的新主人。旧制度政府事先就剥夺了法国人互相援助的可能性和愿望。当大革命突然来临时，要想在法国最广大地区找到十个惯于以正规方式共同行动、进行自卫的人，都是徒然。中央政权独当此任，以致这个中央政权从国王政府之手落入不负责任但有主权的议会之手，从温厚而变为可怕，中央政府在它面前找不到什么东西可以片刻阻止或延缓它。曾使君主制如此轻易垮台的同一原因，使一切在君主制倾覆之后都变得可能。

宗教宽容，领导温和，人道甚至仁慈，从来没比18世纪更受到鼓吹，看来也更被人接受；作为暴力最后栖息之所的战争权，本身已被缩小，变得缓和。然而，从如此温和的风尚中，即将产生最不人

---

[1] 即《法国革命思考》（1790）。——译者

道的革命！不过，风尚的日趋温和，并不都是假象；因为，自大革命的怒火减弱以来，人们看到，这同一种温和立即普及到所有法律，并渗透到所有政治习惯当中。

理论的和善与行为的强暴形成对比，这是法国革命最奇怪的特征之一，如果人们注意到这场革命是由民族中最有教养的阶级准备，由最没有教养、最粗野的阶级进行的，就不会为此感到惊奇。第一种阶级的人相互之间没有丝毫先存的联系，没有互相理解的习惯，从未控制人民，因此，当旧政权一旦被摧毁，人民几乎立即变成了领导权力。人民不能亲自统治的地方，至少把他们的精神赋予政府；另一方面，假如我们考虑到人民在旧制度下的生活方式，就不难想象人民即将成为什么样子。

处境的独特赋予人民许多罕见的品德。人民很早就获得自由，很久以来就拥有部分土地，彼此孤立而不依赖，因而他们显得有节制和自负：他们熟悉劳动，对种种生活享受漠然处之，忍受最大的痛苦，临危难而坚定。这个单纯刚毅的种族，即将构成强大的军队，威慑欧洲。但是同一原因也使人民变为危险的主人。

由于几个世纪以来，人民几乎独自承受种种流弊的全部重负，过着隔离的生活，默默地沉溺于偏见、嫉妒和仇恨中，因而他们被命运的严峻弄得冷酷无情，变得既能忍受一切，又能使一切人受苦。

正是在这种情况下，人民攫取了政府，试图自己来完成大革命的业绩。书籍已经提供了理论，人民负责实践，使作家们的思想适应于自己的狂暴行动。

那些仔细研究过18世纪法国的人，从书本中，已能看出人民内部产生和发展了两种主要的激情，它们不是同时代的产物，而且从未指向同一目标。

有一种激情渊源更远更深，这就是对不平等的猛烈而无法遏制的仇恨。这种仇恨的产生和滋长的原因是存在不平等，很久以来，它就以一种持续而无法抵御的力量促使法国人去彻底摧毁中世纪遗留的一切制度，扫清场地后，去建立一个人道所允许的人人彼此相像、地位平等的社会。

另一种激情出现较晚，根基较浅，它促使法国人不仅要生活平等，而且要自由。

临近旧制度末期，这两种激情都同样真诚强烈。大革命开始了，两种激情碰到一起；它们混合起来，暂时融为一体，在接触中互相砥砺，而且最终点燃了整个法兰西的心。这就是1789年，无疑它是个无经验的时代，但它却襟怀开阔，热情洋溢，充满雄劲和宏伟：一个永世难忘的时代，当目睹这个时代的那些人和我们自己消失以后，人类一定会长久地以赞美崇敬的目光仰望这个时代。那时，法国人对他们的事业和他们自身感到自豪，相信他们能在自由中平等地生活。在民主制度中，他们便处处设立了自由制度。他们不仅粉碎了将人们分割为种姓、行会、阶级、使他们的权利比他们的地位更加不平等的那种陈腐立法，而且一举打碎了那些由王权制定的其他较新的法律，因为它们剥夺了民族自身享受的自由，并在每个法国人身旁设立政府，充当他们的导师、监护人，必要时还充当压迫者。中央集权制和专制政府一起垮台了。

但是，当发动大革命的精力旺盛的一代人被摧毁或丧失锐气时——这种情况通常发生在进行类似事业的整代人身上，当对自由的热爱按照这类事件的自然规律，在无政府状态和人民专政中被挫伤而软弱无力时，当慌乱的民族摸索着寻找他的主人时，专制政府便有了重新建立的极好机会,而这些机会是那位天才[1]轻而易举地发现的,他后来既是大革命的继续者,又是大革命的摧毁者。

实际上,旧制度已拥有晚近时代的整套规章制度,它们丝毫不敌视平等,在新社会中很容易就能确立,然而却为专制制度提供特殊方便。人们在所有其他制度的废墟中寻找它们,并且找到了它们。这些制度以前曾造成那些使人们分化屈服的习惯、情欲和思想;人们将它们复苏,并求助于它们。人们在废墟中抓回中央集权制并将它恢复;在它重新建立的同时,过去限制它的一切障碍并未复苏,因此,从刚刚推翻王权的民族的腹部深处,突然产生出一个比我们列王所执掌的政权更庞大、更完备、更专制的政权。这番事业显得出奇地鲁莽,它的成功世所未闻,因为人们只想正在眼前的事物,而忘了曾经看到的事物。统治者垮台了,但是他的事业中最本质的东西仍然未倒;他的政府死亡了,他的行政机构却继续活着,从那以后人们多少次想打倒专制政府,但都仅仅限于将自由的头

---

[1] 指拿破仑。——译者

颅安放在一个受奴役的躯体上。

从大革命开始直至今日，人们多次看到对自由的酷爱时隐时现，再隐再现；这样它将反复多次，永远缺乏经验，处理不当，轻易便会沮丧，被吓倒，被打败，肤浅而易逝。在这同一时期中，对平等的酷爱始终占据着人们的内心深处，它是最先征服人心的；它与我们最珍贵的感情连在一起；前一种激情随着事件的变化，不断改变面貌，缩小、增大、加强、衰弱，而后一种激情却始终如一，永远以执着的、往往盲目的热忱专注于同一个目标，乐于为使它能得到满足的人牺牲一切，乐于为支持和讨好它的政府提供专制制度统治所需要的习惯、思想和法律。

法国革命对于那些只愿观察革命本身的人将是一片黑暗，只有在大革命以前的各个时代才能找到照亮大革命的灯火。对旧社会，对它的法律、它的弊病、它的偏见、它的苦难、它的伟大，若无清晰的透视，就绝对不能理解旧社会衰亡以来60年间法国人的所作所为；但是人们若不深入到我们民族的性格中去，这种透视还不足以解决问题。

当我考虑这个民族本身时，我发现这次革命比它历史上的任何事件更加惊人。它在行动中如此充满对立，如此爱走极端，不是由原则指导，而是任感情摆布；它总是比人们预料的更坏或更好，时而在人类的一般水准之下，时而又大大超过一般水准；这个民族的主要本性经久不变，以致在两三千年前人们为它勾画的肖像中，就可辨出它现在的模样；同时，它的日常思想和好恶又是那样多变，以致最后变成连自己也料想不到的样子，而且，对它刚做过的事情，它常常像陌生人一样吃惊；当人们放手任其独处时，它最喜欢深居简出，最爱因循守旧，一旦有人硬把它从家中和习惯中拉出来，它就准备走到地角天涯，无所畏惧；它的性情桀骜不驯，有时却适应君主的专横甚至强暴的统治权，而不适应主要公民的正规自由的政府；今天它坚决反对逆来顺受，明天它又俯首帖耳，使那些最长于受人奴役的民族都望尘莫及；只要无人反抗，一根纱线就能牵着它走，一旦什么地方出现反抗的榜样，它就再也无法控制；总是使它的主人上当，主人不是过于怕它，就是怕它不够；它从未自由到决不会被奴役，也从未奴化到再无力量砸碎桎梏；它适宜于做一切事物，但最出色的是战争；它崇尚机遇、力量、成功、光彩和喧闹，胜过真正的光荣；它长于英雄行为，而非德行，长于天才，而非常识，它适于设想庞大的规划，而不适于圆满完成伟大的事业；它是欧洲各民族中最光辉、最危险的民族，天生就最适于变化，时而令人赞美，时而令人仇恨，时而使人怜悯，时而令人恐怖，但绝不会令人无动于衷。请问世界上有过这样一个民族吗？

只有它才能造就一场如此突然，如此彻底，如此迅猛，然而又如此充满反复、矛盾和对立的革命。没有我所陈述的那些原因，法国人绝不会进行大革命；但是必须承认，所有这些原因加在一起，也不足以解释法国以外类似的革命。

至此，我已抵达这场值得纪念的革命的门槛；这次我并不想走进去：也许不久我能这样做。那时，我将不再研究这场革命的原因，我将考察革命本身，最后，我将大胆评判大革命所产生的社会。

参考文献

安德烈·雅尔丹:《亚历克西·德·托克维尔,1805—1859》,阿歇特,1984。

托克维尔:《托克维尔回忆录》,英文版,纽约,1949。

J. 莱夫利:《亚利克西·德·托克维尔的社会政治思想》,牛津,1962。

S. 德雷谢尔:《托克维尔与英国》,哈佛大学出版社1964年版。

特迪·布鲁尼乌斯:《亚历克西·德·托克维尔,社会学美学家》,乌普萨拉,1960。

托克维尔:《社会平等与政治自由》,巴黎,1977。

《马克思恩格斯全集》第37卷,144页。

《马克思恩格斯选集》第2卷,372页。

托克维尔著:《论美国的民主》(上下卷),董果良译,商务印书馆1988年版。

J.-P.迈耶主编:《亚历克西·德·托克维尔全集》,法文3版,巴黎:伽利玛出版社1981年版。